JN114330

はじめに

今、日本の古民家がどんどんなくなっています。
使われず空き家になっている古民家、
この先引き継ぐ者のいない古民家……。

古民家はたくさんの良質な木材を
使って建てられています。
私たちはその木材を〝古木《こぼく》〟と呼んでいます。
そんな貴重な財産である古木が、
むざむざ捨てられているのです。

あまりにも、もったいない。
何とか救い出したい。
その想いが私たち山翠舎《さんすいしゃ》の原動力となっています。

〝捨てるもの〟からビジネスをつくる。
キーワードは2つあります。

一つは「アップサイクル」。
古木をお店の内装に使ったり、
テーブルや椅子として利用したり……。
「捨てるもの」にある価値を見出し、
高め、再定義して、再び世に送り出すのです。

もう一つは「サーキュラー（循環）」です。

捨てるものに新たな価値を与え、
循環させることで、
人を巻き込み、
地域を巻き込み、
経済を循環させる。
それがサステナブルなさらなる循環を生み出します。

京ごふく ゑり善（東京・銀座）

ろっかん（ミシュラン掲載店、東京・荒木町）

T-HOUSE New Balance（東京・日本橋）
Photography：Takuya Nagata

EN FACE（ミシュラン掲載店、東京・人形町）

この本では、まだまだ道半ばではありますが、
そんな私たち山翠舎の取り組みを紹介していきます。

ＳＤＧｓだったり、
サステナブルだったり、
町おこしだったり、
新しい会社のあり方だったりを考えながら、
「ビジネスをつくっていきたい」

そう思うすべての人たちの
ヒントになれば幸いです。

●プロローグ

古民家が生まれ変わり、旧北国街道が変わる

長野県小諸市《こもろし》。しなの鉄道線とJR小海線が通る小諸駅を降り、少しだけ東へ進むと、旧北国街道という通りに出ます。この道は、軽井沢の西にある追分で中山道から分かれ、小諸、上田などを経て善光寺を通り、最後は新潟県までつながっています。

小諸は善光寺詣でや商用で行き交う人々の宿場町として、多くの人を集めていました。また、小諸藩の城下町としても栄えていて、以前は大きな商家が軒を連ねていたのです。そうした古い建物のうちいくつかは今も残っていて、当時の面影を現代に伝えています。そして、この通りを初めて訪れた人の多くは、「雰囲気のある街並みですね」と感心されます。

しかし小諸自慢の旧北国街道も、21世紀に入った頃から、活気を失いつつありました。小諸市は他の地域と同様に人口減少に悩まされ、2000年には4万6000人以上

いた人口が4万1000人台にまで減少。その影響を受け、旧北国街道でもシャッターを下ろしっぱなしの店が目立ってきたのです。

ところが数年前から、オシャレな新店が連続して建ち始め、通りの雰囲気は変わってきました。

自家製のソーセージやハムが評判を呼んでいる「デリカテッセン ヤマブキ」、長野産の新鮮な野菜や肉を使ったイタリアンレストラン「Citta Slow（以下、チッタスロー）」、サイフォンで抽出された日本茶やコーヒーが楽しめる「彩本堂」などの店には、地元はもちろん、県外からも多くの人が訪れています。町の未来には明るい兆しが見え始めていると感じています。

デリカテッセン ヤマブキ、チッタスロー、彩本堂の3店はいずれも、小諸に残されていた古民家を改装し、現代によみがえらせた店です。

このうち彩本堂は、私が経営する「山翠舎《さんすいしゃ》」が内装を手がけました。

彩本堂の店舗はもともと、日本人形のお店として使われていた古民家で、黒い瓦屋根とグレーの壁、木の梁など、古いものをできる限り生かしています。

内装で古い木材、つまり「古木《こぼく》」がカウンターの柱や梁、テーブルなどにあしらわれていますし、店の奥には土蔵が組み込まれ、落ち着いて飲み物を楽しめるテーブル席として使われています。彩本堂の最大の魅力は、サイフォンを使って丁寧に抽出される味わい深い日本茶やコーヒーなどが楽しめるところ。しかし、この店の魅力は他にもあります。それは古民家と古木が醸し出す、店内の温かい空気です。

オープンから間もないお店ですが、彩本堂には、何十年も続いてきた老舗と同じ、ゆったりした時間が流れています。

営業中

レトロとモダンを同時に楽しめる空間づくり

彩本堂から50メートルほど離れた旧北国街道沿いにオープンしたのが、山翠舎が運営するコワーキングスペース「合間（aima）」です。

合間が入っている建物はもともと、明治30年代に建てられた旅館でした。その後は何度か改築されて魚屋や商店、下宿などとして使われ、2022年5月にコワーキングスペースとして再生されたという経緯です。1階と2階に合計45席が用意されていて、企業や個人利用者がデスクワークやミーティング、研修などに利用しています。

また、小諸に移住したり、ワーケーションで長期滞在したりしている人などが集まり、交流する場として使われるケースも少なくありません。館内には、まるで隠し部屋のような和室や多くの本が所蔵されている書棚、飲食できるスペースなどが用意されていて、働くだけでなく、語り合ったり休んだりすることもできます。

ここ数年、古民家への注目が高まっています。

スローライフや田舎暮らしに憧れる人が増え、地方に残されている古民家での生活を望む人が増えていること。古い木やしっくいの壁など、古民家が醸し出す雰囲気に居心地の良さや温かみを感じる人がたくさんいることなどが、主な理由でしょう。

そして、コロナ禍によってリモートワークが一気に普及したことで、古民家に関心を持つ人はさらに右肩上がりになっていると、私は感じています。それで、彩本堂や合間のような古民家を活用してつくられた施設にも、注目が集まっているわけです。

ただし彩本堂や合間は、単に古いだけの建物ではありません。例えば彩本堂では、ミニ盆栽を飲み物と一緒に出し、コーヒーと盆栽のペアリングを楽しんでもらうという新たな試みを行っています。

また、サイフォンで抽出する様子を楽しんでもらいつつ新型コロナウイルス対策を万全にするため、カウンターの内外をガラス製の可動仕切りで分けるなどの工夫も施しました。合間でも、QRコードを使って入退出ができるようにするなど、現代のテクノロジーをフル活用して管理の手間を小さくするよう工夫しています。

山翠舎が手がける建物は、古いものを再生するだけではありません。古くて捨てられていくものに磨きをかけ、新たな価値を生み出そうとしているのです。

壊され、ただ捨てられていく古民家と古木を再生する

私が古民家や古木のビジネスを手がけ始めたのは2006年、父が率いていた山翠舎に入社してからしばらく経った頃でした。

大きな転機となったのは、長野の解体現場で衝撃的な風景を目にしたことです。古いが、いかにも歴史があって見事な古民家がなんのためらいもなく壊されていました。

私は子どもの頃、自宅の前にあった父が経営する木工所でよく遊んでいましたが、そこでは捨てられていた木の端材や竹を使い、いろいろなものをナイフとのこぎりでつくったものです。

また私は、小さい頃から環境問題にも関心を持っていました。森林の伐採や油による環境汚染などのニュースを見ると、どうにかならないものかと胸を痛める子どもだった

ように思います。そんな思いが高じ、大学では省エネルギーに関する論文を2本書きました。そんなバックグラウンドを持つ私にとって、長年使われてきた古民家が無慈悲に壊され、あっという間に廃材にされていくのは強烈な光景でした。

百年以上昔の日本において、木は貴重な資源でした。

今なら重機を使って木を伐採し、トラックに積んで輸送することができます。しかし昔は、斧で切った木を人力で川まで運び、筏《いかだ》を組んで下流にある貯木場まで輸送していました。

作業には手間と時間がかかりましたし、危険でもありました。ですから、当時は古くなった家を取り壊して新たな家を建てる場合、丁寧に解体作業を行って古木を良い状態で取り出し、新しい家に流用するのが当たり前だったのです。

ところが戦後になり、海外から輸入建材が大量に入ってくると、状況が変わります。古木を手間ひまかけて解体し、きちんとストックするよりも海外の建材を使うほうが、効率もよく安く済むようになったのです。それで古民家は壊され、古木は容赦なく捨てられるようになりました。

私が山翠舎に入社した2004年当時、SDGsという言葉はまだ使われていませんでした。
サステナビリティ（Sustainability＝持続可能性）という概念も、まだまだ一般的ではなかったように思います。ただ、古民家の解体に立ち会った私には、「素晴らしい古民家や古木に対し、こんなひどい扱いをしてもいいのだろうか……」という思いが深く刻まれたのでした。

同時に、古民家に住んでいた方々の気持ちはどうなっているのかとも想像しました。その家に縁もゆかりもない私ですら、解体時にはかなりのショックを受けるのですから、その家の住人は、たくさんの思い出が詰まった家を解体され、大きな喪失感にさいなまれているのではないだろうか……。
そう考えた私は、古民家や古木を再生させつつ、そこに住んでいた方の気持ちにも寄り添えるビジネスを立ち上げようと模索を始めました。

それから20年近くが過ぎ、古民家・古木ビジネスは飛躍的な成長を遂げています。その一例が、彩本堂であり合間であるのです。

小諸で生まれつつある正のスパイラル

彩本堂や合間、そして旧北国街道の周辺で起きているのは、「ステキな店や居心地の良い場所が一つできた」というような、単発の現象ではありません。そこには、ある種の「循環」が生じています。

地方には、人口が減って売り上げが落ち込み、廃業に追い込まれる店がたくさんあります。そして多くの店が閉じられ、商店街がシャッター通りになると、地域の利便性が低下してさらに住民の流出を招いてしまいます。

いわば、負のスパイラルが止まらなくなるわけです。

これに対し、小諸のように集客の核となる店がいくつか登場すると、その地域への注目度は高まります。そして、お目当ての店を訪れた観光客が他の店にも立ち寄るなどして地域経済にプラスの影響をもたらした結果、さらに新たな開店をもたらすのです。また、店の開店は新たな雇用を生み、定住者アップにも役立つでしょう。

現在の小諸では、彩本堂のように魅力的な店が増えたおかげで、正のスパイラルが生み出されています。これが、山翠舎の狙いです。

私たちは、古民家を使った店舗の施工をしたいだけではありません。地域に正のスパイラルを生み、それを加速させることが地方で事業を営む私たちの役割であると考えているのです。

古民家・古木を循環させ地域経済を循環させる

山翠舎は現在、2つの「循環」を生み出そうとしています。

1つ目は、古民家・古木の循環です。日本には、魅力的な古民家や、長い間使われてきた中で独特の風合いが出てきた古木がたくさんあります。

しかし現在のところ、古くなったり持ち主が亡くなったりして管理が難しくなった古民家は、多くが取り壊され捨てられています。これではあまりにもったいないと、私たちは思っています。

地方にとって貴重な財産である古民家や古木をなんとか救い出し、建築物として再利用することで、新たな価値を生む。

私たちは、そんな循環をつくり出したいと考えています。

そして2つ目が先ほど述べた、地域経済における正のスパイラルです。素晴らしい古民家や古木を生かして、魅力的な店舗やギャラリー、コワーキングスペースなどをつくる。その結果、地域に新たな人の流れを生み出して活性化につなげる。私たちは、そうした循環をつくりたいとも考えています。

ちなみに2022年11月には、江戸時代より小諸藩の湯治場として多くの人の傷を癒してきた菱野温泉の薬師館に本格フィンランド式サウナがオープンしました。

これは「Sauna Space TOJIBA～湯治場～」プロジェクトとして地元の人やプロジェ

クトに共感してくれた人々が参加してできたもので、サウナ室入口には古木が印象的に使用されています。これも一つの循環の形だと思っています。

山翠舎は従業員数わずか25人ほどの中小企業です。しかし、古民家や古木という日本固有の資産を活用し、さまざまな循環を回すことで地域活性化に貢献しています。

この本ではそんな私たちの取り組みを紹介していきます。

長野や小諸といったエリアで、何を目指してビジネスを展開しているのか。さまざまなプレーヤーを巻き込んで循環を大きくするために、何を心がけているのか。

そして循環を生み出すことで、地方には何がもたらされるのか。

この本がヒントとなり、たくさんの会社が自身の事業を通して「地域に良いこと」「環境に良いこと」を実践する。そして、その行動がよりよい日本をつくり、世界をつくり、最終的によりよい地球をつくる。そんなきっかけになってくれればと思っています。

CONTENTS

第1章 捨てられるものを磨こう

第2章 地方だからつくれるサーキュラーエコノミー

第3章 古民家×ビジネスが地域にもたらしたこと

本書に記載の情報は、特に断りのない限り２０２３年１月時点の情報を基にしており、今後変更となる場合もあります。あらかじめご了承ください。

第1章

捨てられるものを磨こう

古民家と古木を新しい価値に変換する会社

私が代表取締役を務めている山翠舎は、長野県長野市に本社を置く企業です。現在は、古木を使った建築物の設計と施工、古民家の買い取りと再生、飲食店開業支援事業などを主に手がけています。

ちなみに山翠舎では、戦前に建てられた一般住宅を「古民家」、古民家から得られる木材を「古木」と定義しています。

山翠舎の創業は１９３０年、私の祖父が建具をつくる木工所を立ち上げたのが始まりです。１９７０年には現会長の父が引き継ぎ、「株式会社山上木工所」を設立。建具づくりだけでなく、住宅建築なども行う施工会社に成長しました。

当初は長野県内だけで施工を手がけていた山翠舎が全国で施工するようになったのは、１９８５年です。アメリカンカジュアルの人気ブランドだったオクトパスアーミーが長野に新店舗をオープンする際、当社が施工を担当することになりました。このとき、店の雰囲気に合わせて海外から買い付けた古い木材を使って施工を行ったところ、高い評価を受けたのです。

それで山翠舎は、全国各地のオクトパスアーミーで店舗施工を任されることになり、海外の古い木材の施工や購買に関わるノウハウを積み重ねていきました。翌1986年には、社名を株式会社山翠舎に変更。そして徐々に、1案件あたりの単価が高い商業建築を多く手がけるようになっていきました。

技術力が高く評価され、山翠舎はそれなりの業績を積み重ねていましたが、2000年代前半までは、どこにでもあるような地方の施工会社に過ぎませんでした。オクトパスアーミーの仕事では元請けとして多くの店舗を手がけさせていただきました。しかし、それ以外で言うとほとんどの仕事は長野県内にあるゼネコンからの下請け案件。あらかじめ用意されていた設計書の通りに施工を行うことが事業の柱となっていました。

下請け業者は競合他社との価格競争を強いられるため、大きな利益を出すことが容易ではありません。そこで、元請けの仕事を増やすことが当時の山翠舎にとって大きな目標となっていました。他のゼネコンと差別化を図ることで顧客から直接受注を獲得することが、当時は重要な課題だったのです。

私が山翠舎に入社したのは2004年で、ちょうど下請け仕事を事業の柱としていた状態から抜け出そうと悪戦苦闘していた頃。

そこで考えついたのが、古木を取り込んだ設計提案を行うことで元請けを目指すやり方でした。なぜ古木に着目したのかは、プロローグでお話した通りです。

私は貴重な古民家・古木をムダに捨てるのはあまりにもったいないと感じ、古民家や古木を再生できる道はないかと模索していたのです。

山翠舎にはオクトパスアーミーの店舗を手がけていた時代から蓄積していた、古材施工に関するノウハウがある。また、山翠舎は古民家を解体する仕事も請け負っていたため、たくさんの古木を手に入れる機会もある。

これらを生かし、古木の風合いが特徴的な設計・施工を行えば、同業他社に勝って元請けになれるのではないか？　そう考えたわけです。

日本にとって貴重な財産である古民家を解体することなく、古木を新たな施工に生かすことができれば、環境に優しい建築ができる。その発想が、古木事業の原点となりました。

古民家＝戦前に建てられた民家
古木＝そこから得られる木材

古木の定義をもう少し詳しくお話ししましょう。山翠舎では古民家を「戦前（１９４５年まで）に建てられた民家」、古木を「戦前に建てられた民家から得られる木材」と定義しています。

戦争終結後の日本では、西洋建築学の影響下で建てられた家が急増しました。そうした建物の多くは、釘やボルトを使って組み立てられています。

また、使われる木材も輸入建材の割合が高まっていきました。こうした家から得られる木材は、まっすぐに製材された規格品ばかりで、しかも釘やボルトの跡がたくさん残っています。そのため、戦前の古民家から得られる古木に比べると非常に低い価値しかありません（古木の価値については後述します）。他の企業や機関では、築年数の長さで古民家かどうかを判断するところもあります。しかし、いくら築年数が古くても、1945年より後に建てられた家は古民家とは呼べないと私たちは考えています。

つまり、あと数十年経っても、古民家の数は一切増えないのです。古民家は有限な資産。これは、古民家のビジネスに関わるすべての人々が肝に銘ずるべき事実です。

均一・画一的ではないものの良さが注目を集める

古民家は、大きな魅力を秘めています。

日本では毎年、一戸建ての住宅やマンションなどの共同住宅、そしてオフィスビルなど、たくさんの建物が建てられています。

それらの多くは新しいだけあって、とてもキレイで機能的です。しかし、どこか没個性で、冷たい印象を与えてはいないでしょうか。

「古民家の」人気度の動向

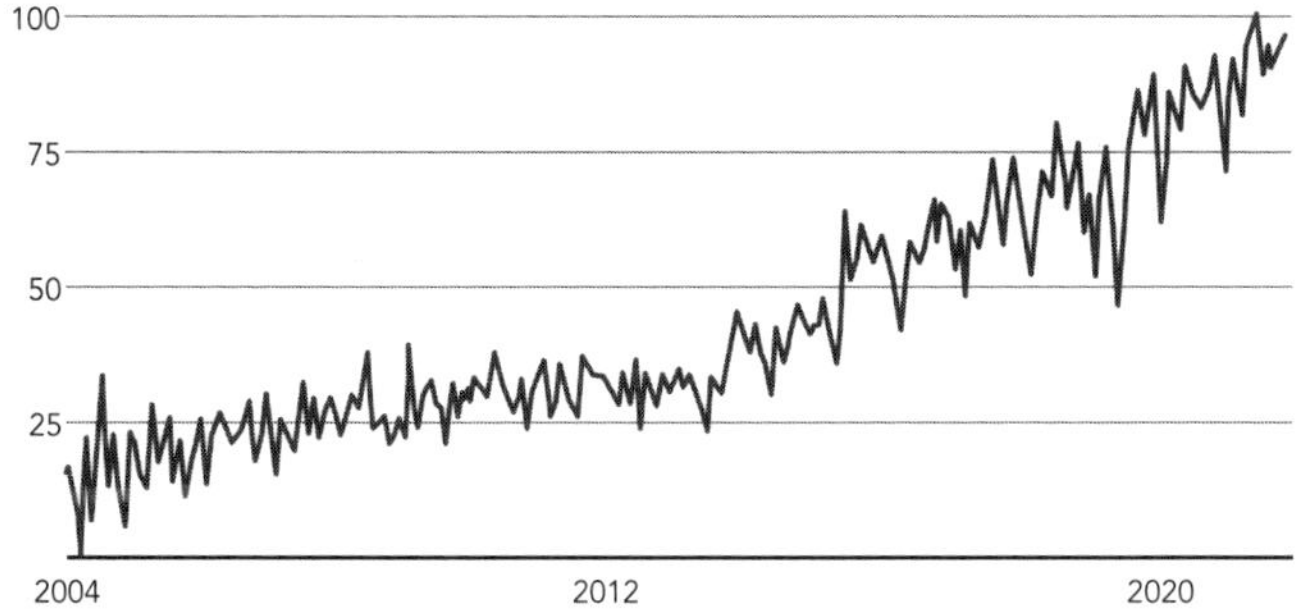

※Googleトレンドにおける「古民家」のトレンド検索数（相対値）の推移

これに対し、古民家が醸し出すのは温かみです。どこか懐かしく、古き良き和の雰囲気に満ち溢れています。また、天然の建材でつくられているため、塗料や接着剤などによって引き起こされる、いわゆる「シックハウス症候群」の危険性もありません。

そして最も大きいのが、古くから引き継がれてきたストーリー性です。これについては、後ほど詳しく説明します。

新しい住宅と古民家は、プラスチックでできた茶碗と、焼き物の茶碗との関係になぞらえられるでしょう。

プラスチック製の茶碗は、壊れにくく、寸分狂わぬサイズでつくられます。便利かもしれませんが、温もりを感じることはできません。

一方、焼き物の茶碗は落とすと割れてしまいますし、サイズがバラバラなので重ねて保存したりするときにも不便です。しかし、一点モノでつくられているために愛着がわくものです。これは、料理で言えば器、サービスで言えば空間的なこととも同じで、均一・画一的なものではないからこそ、感動や居心地の良さを与えられるのです。

こうした背景もあって、古民家の注目度は高まっています。

和の雰囲気を味わうため、古民家をリノベーションして住もうと考えている人もたくさんいますし、古民家を改装してつくられた飲食店やホテルも注目を集めています。

グーグルトレンドで調べてみると、「古民家」というキーワードの検索数は、10年前に比べて約3倍に増えています（前ページ図参照）。

古木は海外にも通用する強力なコンテンツ

古民家や古木の人気が高まっているのは、日本国内だけではありません。海外でも注目されています。

私は２０２２年秋、ドイツのある博物館を訪れました。そこで驚いたのは、さまざまな展示品と一緒に古い木が展示されていたことです。説明文には、１３００年代に産出された木だと書かれていました。

日本人にとって、数百年前の木材はさほど珍しいものではありません。世界最古の木造建築物とされる法隆寺の金堂・五重塔は、６７０〜７００年頃に再建されたと言われています。他にも、奈良県生駒郡にある法起寺の三重塔（７０６年頃）、奈良県奈良市の薬師寺の東塔（７３０年頃）など多くの木造建築物が現存しています。修学旅行などでこうした建物を訪れたことのある人は、かなり多いでしょう。これに対し、石とレンガの文化が積み重ねられてきたヨーロッパでは、古い木がほとんど残っていません。ですから、1300年代の木が博物館に展示されるほど珍しがられているのです。

このように、古い木造建築物は海外において非常に貴重な存在です。

また、日本文化に対して関心を持ち、リスペクトする外国人も増えています。

そのため、多額の費用をかけても日本の古民家を移築したいと考える人は、今後も増えていくのではないかと考えています。特にヨーロッパでは古民家の引き合いが増えていきそうだと、現地に足を運ぶたびに私は感じています。

硬さと温もりを兼ね備えた優秀な建材としての古木

ただ、実際に古民家を活用するまでのハードルは決して低いものではありません。

例えば、既存の古民家を飲食店やホテルなどに改装する場合、ある程度のリノベーション費用がかかります。

また、郊外の不便な場所に建てられている古民家を商業施設に転用するのは、集客面で難易度が高いでしょう。古民家を別の場所に移築する方法もありますが、それにはさらに多額の費用がかかります。

これに対し、古民家を解体して得られた古木を使い、雰囲気のある内装にするのはずっと手軽なやり方です。

立派な古木には大きな存在感があって、施工時に１本使うだけでも、店や住宅の雰囲気がガラリと変わります。

そうは言うものの、なかには古木に対し、良いイメージを持てない方がいるかもしれません。確かに木は、長年使い続けるうちにシロアリに食われてボロボロになったり、カビや腐朽菌《ふきゅうきん》が繁殖して腐ったりすることがあります。

しかし、きちんと管理された木は決して経年劣化しません。それどころか、年を経るごとに建築材としての価値が高まります。その理由の一つが、「古木は年が経つほど硬く、丈夫になる」という点です。

木こりの間では昔から、良い木材を得るには「木が眠っている時期の新月」に伐採すべきだと伝えられています。

木は春から夏にかけて大きく伸び、冬が始まると成長が止まります。この成長が止まる10月から翌2月くらいまでを「木が眠っている時期」と呼び、この時期に切った木は後から変形しづらく、建材として非常に優れているとされているのです。

もう一つ材木商だった母方の祖父に教わったのが、「新月の前後に切った木は長持ちする」というものです。

狼男の伝説にあるように、ヨーロッパでは、満月になると人は狂気をはらむとされてきました。また東洋医学では、人の体調の善し悪しは月の満ち欠けと相関関係があると教えています。洋の東西を問わず、月は人や動物に大きな影響を与えると考えられているわけです。

同様に木も、月の満ち欠けのサイクルに大きな影響を受けると、昔の木こりは信じていました。具体的には新月の頃に切った木は水分の含有量が少なく、後で反ったり腐ったりしない木材になるというのです。

こうした伝承が科学的に正しいのかどうか、私には分かりません。しかし、大工は経験則から、10月の下弦の月から翌2月の下弦の月までに伐採した木材に高い価値を認めていました。これらの時期に得られた木材は、水分の含有率が低く、硬くて丈夫で虫がつきにくいと知っていたからです。ちなみに、満月のときに竹を切ると、その切り口からは水が滴り落ちます。そして、そのときに伐採された木材でつくられた器は割れやすく、カビやすいと言われています。

話を戻しましょう。実は古木は、「木が眠っている時期の新月」に伐採された木材より、はるかに優れた建材です。古木は長年使われている間に、内部の水分がどんどん抜けていきます。その結果、後から変形する危険性はほぼありませんし、虫がつくことも少なくなります。

また、木材には温もりがあります。寒い時期にコンクリートや鉄に触れるとヒヤッとする一方、木に触れても冷たさは感じにくいでしょう。これは、木材の熱伝導率がコンクリートや鉄より低い、つまり熱を伝えにくいからです。それで冬は暖かく、夏はひんやりとしています。

硬くて虫がつきづらく、温かみがある。古木は建材として、実に優秀な存在であるわけです。

唯一無二の形状が人に安らぎを与える

古木の魅力はまだまだあります。それは、形やサイズ、色合いが千差万別で、すべてオンリーワンの存在であるという点です。

現代建築で使われる木材のほとんどは、機械によって製材されています。コンクリートなどとは違って自然由来の素材ではあるのですが、同時に、一定の大きさ・厚さでつくられた工業製品なのです。

これに対し、古木は実に個性豊かです。

1本ごとにサイズや形がバラバラ。「ちょうな」や「まさかり」といった古い道具で製材を行った跡からは、一品ものの味わい深い雰囲気が感じられます。また、経年変化や、暮らしの中で自然と付着した煤《すす》などの影響で、なんとも言えない色合い・風合いも生じています。

例えば次ページに紹介した写真は、長野県飯山市富倉にあった、築120年ほどの古民家から得られた古木です。長さは3メートルあまりの短い梁ですが、上方向の曲がり（張り）が美しい、立派な古木梁です。この後、山翠舎のスタッフが磨き作業を行った結果、特有の美しい木目が現れてきました。

一見してお分かりいただける通り、どの柱もユニークな形をしています。だから、誰もが愛着を感じるのでしょう。

曲線で構成された形にも魅力があります。古木の多くは職人の手作業で削られているのですが、それゆえにまっすぐではなく、緩やかな形になります。

徳川家の将軍が上座に座り、大名などが一堂に会していた江戸城の大広間には、

どの古木もそれぞれに形状が違い味わい深さがある

曲がった柱は1本も使われていません。すべてが、かんなでまっすぐに製材された柱で構成されています。また、床の間やふすまなども直線でつくられています。こうすることで、キリッと緊張する空間を演出していると聞いたことがあります。これに対し、茶室は曲がった柱を使うなど、曲線を多用したデザインになっていることが多いのです。

人間の心理は不思議なもので、直線に囲まれているとなぜかリラックスできません。一方、自然にあるような曲線がたくさんある空間にいると、落ち着きを感じることができます。

つまり、古木はその場を使う人々に、愛着や安らぎを与えてくれるのです。

1本の柱が店のシンボルとなる

さらに古木には、古くから積み重ねられてきたストーリーが刻み込まれています。例えば、その家に住んでいた子どもたちが背比《せいくら》べをした際の傷、家を建てた日付、棟梁の名前などが残っている古木があります。

これらは数十年、数百年という長い時間、人々の暮らしを見守ってきた証拠だと言えるでしょう。また、著名な人物が住んだり、滞在したりした古民家から得られた古木もあります。こうした古木を眺めれば、歴史や文化に思いをはせることもできます。


古い民家では、土間と床上の境目で、家の中心近くとなる場所に「大黒柱」を立てていました。大黒柱には家全体の重みを支える役割があるため、最も太い木材が使われています。その重要さから、大黒柱は家の守り神のようにあがめられていました。

そして柱の近くには、富を呼び込む神様である大黒天を祀っていたため、大黒柱という名がつけられたのです。


大黒柱に次ぐ2番目に大事な柱が、「恵比須柱」です。

こちらは大黒柱と一対にして立てられたものです。大黒柱も恵比須柱も、かつてその家に住んでいた人々をずっと見つめてきた存在と言えます。

長野県の諏訪大社では7年ごとに、「御柱祭《おんばしらさい》」と呼ばれる祭りが開かれていますが、これは諏訪大社の中で最も重要な柱（御柱《みはしら》）を選び、山から曳き、境内に建てる行事です。このように、柱は人間にとって非常に大事なものなのです。

次ページで紹介しているのは、民家の恵比須柱として使われていた古木を、飲食店に移築した事例です。

敷地面積が限られた都市部の店舗では、古木をふんだんに使った内装が難しいケースもあります。

しかし、お店のシンボルになるような古木を1本使うだけで、小さな手間とコストで大きな効果が得られます。特に、ストーリー性があって見た目も見事な大黒柱や恵比須柱を使えば、お店の雰囲気を牽引し多くの方を和ませてくれるはずです。

また古木からは、木が生まれた地域の文化や風土を感じることも可能です。現在の山翠舎にはマツの古木がたくさん貯蔵されているのですが、これは、山翠舎がある長野県が日本でも有数のマツの産地だからです。長野県には標高が高い地域が多く、冬の寒さはとても厳しいものがあります。

こうした環境では、スギやヒノキなどより、寒さに強いマツのほうが向いているので

カウンター越しに見える古木の柱が印象的なふらっと日な田（東京・神保町）

す。このように、古木の種類から産地の様子を想像することもできます。

個性的な形とストーリーを持つ、唯一無二の存在。人の心を、なぜかリラックスさせる存在。それが古木です。工業製品として生まれる現代の木材とは比べものにならないほどの力強さと重みがあるのです。

なお、山翠舎では恵比須柱を人を呼び寄せたり福を集めたりする縁起の良い柱だと考え、商売繁盛のシンボルとして「恵美寿柱」と商標登録し、お店で使われることのストーリー性を大事にしています。

3年で70%、10年で90%の飲食店が廃業する中で

山翠舎では、古民家を改装した飲食店やギャラリー、コワーキングスペース、公共施設などを、これまでに500店舗以上手がけています。

特に好評をいただいているのが飲食店です。古木の風合いを生かした店づくりを行うことで、来店者に心地良い空間を提供しています。

飲食店オーナーと常に一緒に店づくりをしてきた私たちは、飲食店の経営が決して容易ではないことを知っています。消費者の好みや流行の変化によって、売り上げが急激に落ち込むこともあります。特に新型コロナウイルスの感染拡大が始まってからは、多くの飲食店が苦しい状況に追い込まれています。コロナ禍により、大手の飲食店チェーンが多くの店舗を閉鎖しました。

日本政策金融公庫総合研究所の「新規開業パネル調査（第4コーホート）」によると、2016年に「飲食店・宿泊業」で開業した企業のうち、2020年末時点で14・7%

山翠舎の飲食店設計・施工店舗数と存続率

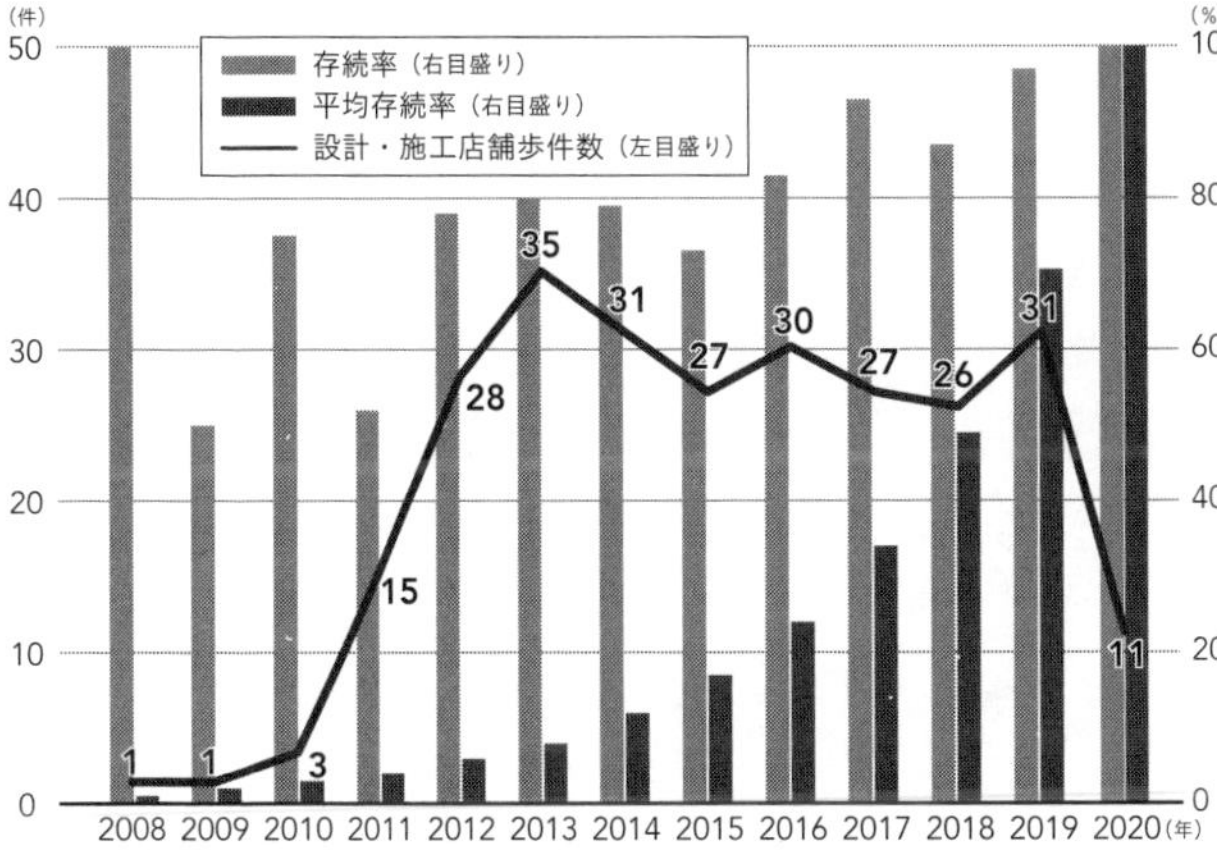

が廃業してしまいました。この調査では、日本政策金融公庫から融資を受けられた、信用力の高い企業が対象とされているため、一般的な飲食店の廃業率はこれよりもっと高いと見る人もいます。飲食業界では、「3年で70％、10年で90％の飲食店が廃業する」とも言われています。

これに対し、２００８年以降に山翠舎が古木を使って施工を手がけた飲食店の廃業率は14％。一般的な廃業率を大きく下回ります。

なぜ、古木を使った飲食店の廃業率が低いのでしょうか。私は、これまでお話してきたような「古木が醸し出す雰囲気の良

木更津・房総半島の食材をふんだんに使った料理が人気の「舵輪（だりん）」（千葉県・木更津）

山荘をイメージしたカジュアルな雰囲気のトリノゴンゾ（東京・江北）

さ」が最大の理由だと考えています。

老舗の飲食店には、伝統が生み出す独特の雰囲気があります。年季が入って少しくすんだ壁や柱、使い込まれて光沢が出てきたカウンター……。それらがなんとも言えない居心地の良さを感じさせます。通常、こういった雰囲気が生まれるまでには、数十年の年月が必要です。

しかし、内装デザインの一部に古木を取り入れることによって、開店時から「老舗感」を演出することができます。雰囲気の良さが来店客を引き付け、それで飲食店の店舗継続率を高める。それも古木の魅力の一つではないでしょうか。

捨てられる木から生まれた新しいビジネスの可能性

現時点で山翠舎が展開している古民家・古木関連のビジネスは、大きく分けて3種類あります。

5000本以上の古木が所狭しと積み上げられている大町市の倉庫

1つ目は、古民家を解体して古木を買い取り、その後の施工に生かすビジネスです。広さや建物の状態、周辺の環境などにもよりますが、古民家の取り壊しには通常、300万~500万円程度がかかると言われます。

ところが山翠舎では、古木をこちらが買い取ることを前提に、一般よりはるかに安い金額で解体を引き受けています。状態の良い古民家なら無料で解体するケースもあります。

山翠舎では長野県大町市に、敷地面積2300坪、建設面積800坪ある古木専用の倉庫・工場を設置しています。

こちらには、常時5000本以上の

古木がストックされていて、全国各地からの注文に応えています。

２つ目の事業は、古木を活用した建築工事（修繕を含む）です。

その一例として、世界中で人気のスニーカーブランドであるニューバランスが東京・日本橋でオープンしたコンセプトストア「T-HOUSE New Balance（ティーハウス　ニューバランス）」があります（11ページ上写真参照）。

こちらは1階が店舗、２階がオフィスになっていて、蔵をイメージした白い外観は一見するとなんの建物か分からないところがあります。しかし、中に入ると、そこは別世界。埼玉県川越市にあった築１２２年の蔵を移築して組み直したとは思えないほどモダンでオシャレな空間になっているのです。数本の古木を内装にあしらうやり方に比べると、移築はかなり大規模な工事が必要です。そのため、費用や工事期間は大がかりになってしまうのですが、それだけに効果は絶大です。

余談ですが、このとき、私は土壁に使われていた土を回収しました。通常なら、なんの疑問もなく捨てられる土を、なぜ費用をかけてまで運ぶのか？

私がバイブルとして大切にしている本『法隆寺を支えた木［改版］』（ＮＨＫ出版）を書

いた宮大工の故・西岡常一棟梁は「木を扱うにはまずは土から知ること」と本の中で仰っています。古民家を知れば知るほど、木材だけではなく、土壁の土も、また基礎に使われている石も、私にとっては「捨てるにはもったいない大切なもの」に思えてならないのです。

山翠舎ではこれまで、500件以上の古木施工・古民家移築を手がけてきましたが、今後、さらに件数は増えていくと考えています。

3つ目の事業は、山翠舎にとって最も新しいチャレンジ「古民家のサブリース（転貸）事業」です。

1つ目の古木買い取り・施工や2つ目の古民家移築は、山翠舎の前身である山上木工所が施工会社だったこともあり、私たちにとって強みを生かす事業でした。

「古民家のサブリース事業」は、従来の施工会社の枠組みを大きく飛び越えたビジネスです。いわば、「古民家・古木のマッチング事業」とでも呼べるでしょう。

古民家・古木に関するビジネスがある程度軌道に乗ったころから、古民家の解体依頼がたくさん寄せられるようになりました。その結果、長野県大町市の倉庫は古木でいっぱいになってしまったのです。

「これ以上古木をストックすることはできないが、捨ててしまうのはあまりにもったいない」

そう考えた私は、古民家を解体などせずそのままの形で残す道はないかと考えました。

古民家の管理に悩む人と企業とをつなぐ

日本の各地で今、古民家の管理に悩んでいる人がたくさんいます。

家を維持するためには、それなりの手間がかかります。屋根や壁、水回りのメンテナンスを怠ると、建物はすぐに劣化して人が住めなくなってしまうでしょう。また、定期的に掃除や庭の手入れをすることも必要です。

これらを実行するためには、どうしても手間とお金がかかります。また、税金や光熱費などの負担も、毎年のしかかってきます。

その家に思い入れがない人は、家を潰して駐車場にでもすればいいと思うかもしれません。しかし、問題はそれほど簡単ではありません。古い家をたやすく処分する気になれないという人は、たくさんいます。

長野県長野市に住んでいた丸山ハナ子さんも、古民家の管理に悩むお一人でした。90歳近かった丸山さんは、私にこう言っていました。

「ここは私が子どもの頃から住んでいた家です。子どもの頃、祖父母や両親が柱の煤を払ったり、磨いたりしていた様子を、今でも覚えています。そんな家を取り壊してしまったら、ご先祖様に申し訳が立たないと思うのです……」

その家には、丸山さんのお子さんたちが背比べをしたときの柱の傷など、家族の思い出がたくさん詰まっていました。

壁にできた穴ですら、丸山さんにとっては愛おしい存在だったのです。

ただ、歳を取った丸山さんが、古くて市街からも遠いこの家に住み続けるのは、物理的に無理がありました。

そこで私は、この家を熱海にある旅館「竹林庵みずの」で再利用してはどうかと提案したのです。

引き継がれた想いまでを大切にする

竹林庵みずののオーナーで、株式会社ガラージュ・ルミエールの渥美よしひささんは以前から、古民家に強い関心を持った方でした。30年以上前に建てたご自宅も、古民家建築を採用したそうです。渥美さんとのお付き合いは、山翠舎が設計・施工を手がけた調布のレストランを訪れた際に私たちの存在を知っていただいてから。

そして渥美さんからは、「旅館の別館を改築する際に、古民家を移築したい」というご要望をいただいていました。そこで私は、丸山さんと渥美さんをつなげられたら、と思ったのでした。

丸山さんに移築の提案をしたときの反応は、今も忘れられません。

「なじみのある柱や鴨居が、別の場所で他の方のお役に立てるのですか？　それは嬉しい！　父母や先祖も、どんなに喜んでいるでしょう」

と、本当に嬉しそうに語ってくれました。

丸山さんの思いは、渥美さんにしっかりとお伝えしました。渥美さんにも、「この木に引き継がれた思いを大切にする」と仰っていただきました。そうして丸山さん宅で家族を守り続けていた大黒柱は、竹林庵みずので今もお客さまを心地良く出迎えています。ちなみにこの竹林庵みずのは、２０１３年に日本民家再生協会より民家再生奨励賞をいただいています。

この事例では、丸山さんの想いを渥美さんに引き継ぐことができました。

また、古民家を活用したリニューアルを行ったことで、竹林庵みずのの集客率は高まり、その結果、従来は約２万円だった客単価は、改装後、３・７万円にまで上がったそうです。

竹林庵みずののような移築の提案となるとまれなケースとなりますが、古民家の管理に悩む人のエージェントとなって、古民家の活用を目指す人をマッチングするビジネスモデルは、今後有望な事業へと成長していくと考えています。プロローグで紹介した彩本堂や合間もそうした事例の一つで、小諸にある古民家をうまくマッチングできたケースと言えます。これからはそのような取扱件数がさらに増えていくことでしょう。

ただしこのビジネスは、越えるべきハードルも高いと言えます。古民家の持ち主の事情は千差万別ですし、古民家を利用したい企業のニーズもさまざまですから、マッチングには柔軟な対応力が求められるのです。

住宅がいいのか、別荘がいいのか、はたまた旅館として使うのがいいのか。あるいは、古民家の持ち主と企業の間で売買契約を結ばせるのがいいのか、それとも、山翠舎が古民家をいったん借り上げ、サブリースという形で企業に提供するほうがいいのか。状況に応じて最適なソリューションを見つけることが必要となります。

古民家をサブリースする発想はここから生まれた

話は前後しますが、私は２０１９年から2年間、「事業構想大学院大学」の東京校で研鑽を積みました。週2回のゼミは、「事業構想立案の千本ノック」とでも言いたくなるほど厳しいトレーニングでした。新規事業のプランをひたすら立て、指導教授やクラスメートと議論を重ねながら練り込んでいくのです。

古民家を山翠舎が借り上げ、内外装に手を加えてからサブリースする手法を考え出したのがこのときです。

前述の通り、山翠舎が手がけた飲食店の廃業率は一般の飲食店に比べてはるかに低いものです。また、その中には一等地ではなく、二等地・三等地のお店もたくさんあります。家賃が高くない場所で潰れずにお店を継続できるわけですから、（彼らに店舗を貸せば）絶対にビジネスになると私は考えたわけです。

大手建設会社の中にも、こうした考え方を取り入れている企業があります。その代表格が、大和ハウス工業（グループ）です。同社は数年前、「ユニクロ」を運営するファーストリテイリングとともに物流会社を設立し、ユニクロのネット通販で使われる巨大な物流施設をつくっています。施設の持ち主は大和ハウス工業で、彼らはファーストリテイリングから施設使用料を得ています。

ファーストリテイリングにはおそらく、自前の物流施設をつくって素早く配送できる仕組みをつくりたいという要望があったのでしょう。しかし、自社で物流施設をつくるためには莫大な建設費や固定費がかかりますし、施設のメンテナンスも大変です。そこでファーストリテイリングは、大和ハウス工業に物流施設のすべてを任せ使用料を支払うことで、さまざまな面倒から解放されようと考えたのでしょう。ファーストリテイリングの考え方は合理的だと思いますし、顧客の面倒を引き受け、そこから利益を得ようとする大和ハウス工業の経営方針も素晴らしいと私は考えています。

こうした発想は、アマゾンドットコム（以下、アマゾン）にも共通しています。アマゾンは大小さまざまなネット通販業者にプラットフォームを提供し、ウェブサイトのメンテナンスから受発注業務、商品の在庫管理や発送業務までを代行しているのです。ネット通販業者からすれば、本来なら自社でやるべきことをアマゾンに外注することで、面倒な手間から解放されているわけです。こうした「顧客の面倒を肩代わりして利益を得る」発想は、建築業界以外でも広く役立つと思います。

なお、私の事業構想大学院大学での修士論文は、古民家の持ち主と飲食店経営者をマッチングし、さらに、飲食店経営者をさまざまな面でサポートするビジネスの事業計画書でした。

「目の前のお客様を喜ばせよう」マーケットイン的発想への転換

事業構想大学院大学に入学する際、私は、古木を活用した新規事業を研究テーマにしようと考えていました。自分が現在手がけているビジネスに関連した新事業にこだわっていたのです。

ところが、大学の教授であり、事業構想研究所の副所長でもある丸尾聰《あきら》先生のアドバイスで私は大学院に通っている途中から、古木に固執することなく事業の案を考えるようになりました。

修士論文のテーマに据えた「料理人応援システム」（詳しくは91ページ参照）は、古民家の持ち主と古民家を活用した企業・人のマッチングと飲食店経営者を幅広く支援するビジネスモデルですが、これは当初、古木にこだわらない事業展開を考えていたものでした。

自分の得意分野や、現時点で手がけている事業から新事業のプランを考えるのは、「プロダクトアウト」の発想です。基準となるのは自社の都合で、顧客のニーズは二の次になりがちです。

これに対し、私が大学院の途中からポリシーとしたのは、顧客ニーズから出発する「マーケットイン」の発想でした。顧客のために役立ち、顧客を喜ばせ、顧客の負担を取り除く。常にそういう方針で発想するようにしました。

私に「常にマーケットインで考えよ」と教えてくれたのは、丸尾先生だったのです。

大学院に入ってすぐの頃、我々学生は教授のみなさんからそれぞれのゼミのプレゼンテーションを受けました。そのときの丸尾先生の言葉は今も忘れられません。

「新規事業を成功させるには５００時間必要。１００の事業プランを考えることで自分のクセをつかみ、その中から新規事業としてものにできるのは一つ。私はゼミ以外の時間も捧げるから、ついてくるなら全力で来い」

と熱く語ったのです。

既に経営者として多忙だった私は、他の講義も受ける中でゼミに５００時間も費やす余裕があるだろうかと不安になりましたが、一方で、この人についていけばなんとかなるだろうとも思いました。そして2年が過ぎたとき、私は「料理人応援システム」の事業プランを完成できました。

丸尾先生の指導があったからこそ、私は「目の前のお客さまを喜ばせよう」という発想を徹底的に突き進めることができたと思っています。

全関係者に利益をもたらす「全方よし」のビジネス

竹林庵みずのの事例を成功に導けたのは、すべての関係者が抱えていた悩みを解決し、全員にメリットを提供できたからでした。

仮に古民家の持ち主だった丸山さんの「古い家を壊したら、先祖に申し訳が立たない」という思いをおざなりにしたら、移築を認めてもらうことはかなわなかったでしょう。

また、丸山さん宅の状況が竹林庵みずの・渥美さんが求めていた条件に合っていないのに無理やり商談を進めていたら、やはり話がまとまることはなかったはずです。

特に重視すべきは、丸山さんのような古民家の持ち主です。

後述するように、2033年には空き古民家50万戸を超えると見られています（詳しくは105ページ参照）。1軒あたり3人程度の所有者・関係者がいるとすれば、全国で150万人ほどが空き古民家の管理に悩んでいる計算です。彼らを、気持ちの面でも経済的にも手助けすることが大切ではないか。そう考えるのです。

また、古民家を移築してなんとかできないかと考えたのは、古民家の所有者から相談を受けたからです。

第3章で紹介する「FEAT.space 大門」（142ページ参照）をつくったのも、メインバンクとして取引のある銀行の支店長から「家賃滞納で困っている古い倉庫があるんだが、なんとかできないか」という相談がことの始まりでした。

そう考えると、山翠舎が手がける多くの事業の発想・着想の根幹には、「ユーザーの困っていることを解消したい」というものがあるのかもしれません。

江戸時代から明治時代にかけ、全国で行商を行っていた近江商人たちは、自分たちだけが儲かればいいという独善的な商売を戒《いまし》めていました。そして、売り手・買い手・世間のすべてが満足する「三方よし」を貫いていたのです。

この考え方は、現代においても十分に通用するものでしょう。自社の利益を確保するだけでなく、古民家の提供者や買い手にもきちんと利益が出るように心配りをすることが大切です。

さらに山翠舎では、それ以外の人々にも利益が出るしくみをつくろうと模索中です。古民家を活用した店やコワーキングスペースの利用者、地域住民の方々、地域でビジネスを展開する企業、行政。地球環境、そしてもちろん、当社の社員……。

そうしたすべてのステークホルダーが「幸せになる」「喜んでもらえる」しくみづくりを目指す。

言うなれば「全方よし」のビジネス構築が私たちの目標であるのです。

山翠舎の考える「おもいやりの循環」

顧　客： 山翠舎もしくは事業者の顧客（エンドユーザー）

事業者： 取引会社、パートナー

利用者： 顧客のファシリティー（古民家や古木などを利用した店舗）を利用した（訪れた）方

第2章
地方だからつくれるサーキュラーエコノミー

地域に求められる「サーキュラーエコノミー」をつくる

既に述べたように、山翠舎は「循環をつくる企業」を目指しています。そこで取り上げておきたいのが、「サーキュラーエコノミー」という考え方です。

サーキュラー（circular）とは、「円形の」「循環する」という意味で、室内や車内の空気を循環させるサーキュレーター（circulator）と同じ語源の言葉です。

つまり、サーキュラーエコノミーとは「循環型の経済」を指します。ここ数年、とても注目されている概念なのですが、背景にあるのは言うまでもなく環境問題です。

環境問題の中で最も注目を集めているのは、地球温暖化です。

世界の平均気温は100年前に比べ、0・73度上がったと言われています。特に1990年代後半からは、高温となる年がかなりの頻度で増えてきました。

なかには、「気温が1度弱上がったところでたいしたことはないだろう」と考える人もいるでしょう。

しかしこれは、決して楽観できない問題です。

気象庁気象研究所と東京大学大気海洋研究所、国立環境研究所の共同研究では、国内の平均気温が1度上がると、年間の猛暑日は1・8倍増えることがわかっています。

これに従えば、かつて国内最高気温（41・4度）を出したことがあり、2018年に37回の猛暑日を記録するなどして「日本一暑いまち」とされる埼玉県熊谷市は、世界の平均気温が1度上がると猛暑日が年に67回も訪れる計算になります。

日本の他の地域も似たような状況になるはずで、熱中症で体調を崩したり亡くなったりする人は今よりもっと増えるでしょう。

また、超大型台風やゲリラ豪雨などによる被害も、さらに厳しいものになる危険性が高くなります。

海洋汚染や土壌汚染といった問題も深刻です。

人類は産業革命以降、生産力を飛躍的に高め、それに伴って莫大な廃棄物を生み出してきました。環境省の調査によると、日本のゴミ総排出量は年4167万トン（2020

年度）で、東京ドーム１１２杯分に相当します。

このままのペースでゴミが出続けると、あと22・4年で国内のゴミ最終処分場はいっぱいになってしまうそうです。

また、「フードロス」も社会問題化しています。

総務省によれば、日本人１人あたりのフードロス量は１日あたり約１１３グラム（２０２０年度推計）、年間で約41キログラムに達しています。

これほど多くの廃棄物を出せば、ムダな資源を浪費し、地球温暖化をもたらす温室効果ガスを出し、大量のゴミを増やして地球を汚してしまうのですから、環境にいいはずがありません。

こうした問題を解決する一つの手段が、暮らしの中で廃棄されていた製品や原材料などを資源としてとらえ、再利用することで循環を生み出すサーキュラーエコノミーなのです。私たちは手がける古民家や古木の再利用も、まさにサーキュラーエコノミーの考えが根底にあります。またその取り組みは「地球を冷ます１００人」として２０２１年12月に『テレ東経済ＷＥＥＫ　脱炭素ビジネスドキュメント　地球を冷ます１００人』（テレビ東京系列）にて取り上げてもいただきました。

リニアエコノミーとリサイクリングエコノミー

サーキュラーエコノミーを分かりやすく説明するため、「リニアエコノミー」、そして「リサイクリングエコノミー」という概念と対比させてみましょう。

リニアエコノミーとはリニア（線形・直線的）に流れる、従来型の経済を指します。原材料から製品を生み出し（生産）、消費者が利用して（消費）、最終的には廃棄されるという流れです。

こうしたやり方は、太古から続けられてきました。そして工業化が進み、大量生産・大量消費が加速した結果、人類は昔とは比べものにならないほど莫大な廃棄物を生み出しています。それが環境問題を引き起こしているわけです。

そうした状況を少しでも解消するために生まれたのが、リサイクリングエコノミーです。これは廃棄物の中から使えるものを回収し、資源として再利用する手法を指します。代表的なのがペットボトルのリサイクルで、廃ペットボトルを砕いたり溶かしたりして、

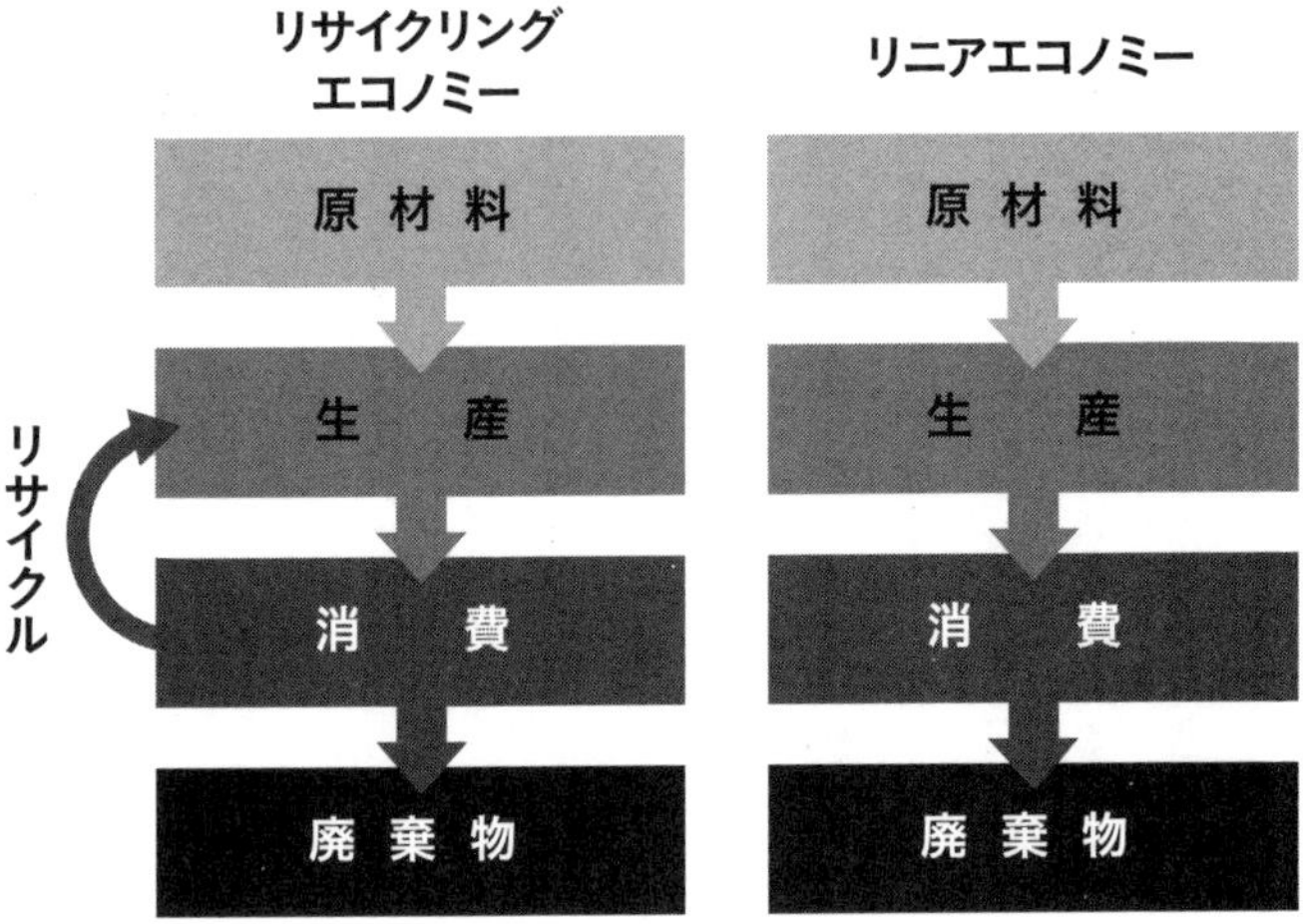

別の製品につくり替える取り組みです。

日本では1990年代初頭から、リサイクルへの取り組みが本格的にスタートしました。1991年に「再生資源の利用の促進に関する法律」（通称「リサイクル法」）が施行されて以降、リデュース（減量）、リユース（再使用）、リサイクル（再生利用）のいわゆる「3R」が推奨されてきたのはご存じの通りです。

ただし、リサイクリングエコノミーだけで環境問題を解決することはできません。環境省によれば、2018年時点の日本におけるゴミのリサイクル率はわずか19・9％に過ぎず、ゴミの大半は活用されないまま、捨てられています。

また、リサイクルそのものにも問題があります。ペットボトルを粉砕・溶解するためには電力などのエネルギーを使って処理をする必要があり、これが新たな環境負荷を発生させます。

ペットボトルを使って発電することでリサイクルを実現するケースもありますが、この場合は、燃焼時に温室効果ガスを出してしまいます。

廃棄物の再活用が前提のサーキュラーエコノミー

リサイクリングエコノミーの欠点を補うべく登場したのが、サーキュラーエコノミーです。

サーキュラーエコノミーは廃棄物の再活用を前提とするリサイクリングエコノミーと異なり、始めから廃棄物を出さないしくみをつくろうとする考え方です。原材料やエネルギーなどの投入を最小限に抑えながら、生産、消費、リサイクルという循環を回し続

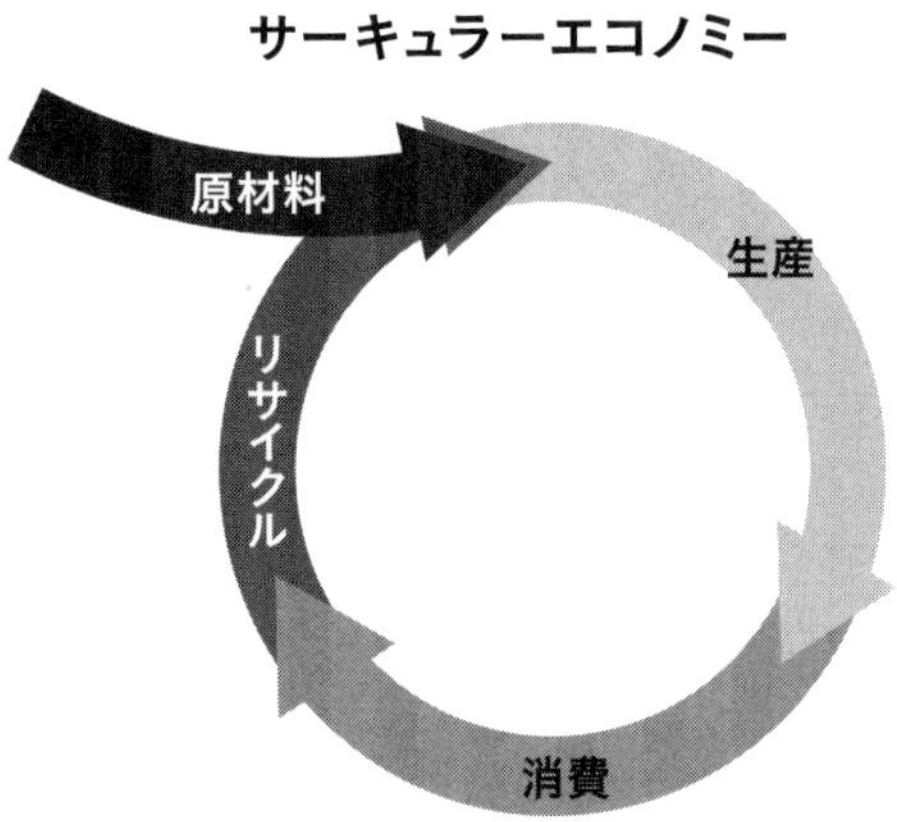

けていくのです。そのため、環境負荷を従来に比べ、さらに抑えることが可能です。

サーキュラーエコノミーは、モノの寿命を長持ちさせる、資源のムダ遣いを防ぐといった「守りの役割」だけをこなすわけではありません。社会全体を活性化させる、企業を持続的成長に導く、人々により豊かな暮らしをもたらすなど、「攻めの役割」も期待されています。

私は、人間は自然を壊し地球に負荷をかけて生き延びている、罪深い存在だととらえています。もちろん、我々は生きていかなければなりません。しかし、どうせ生きるにしても、地球に極力負荷をかけず、できるだけ自然と共存するようにしなければならないと思っています。

ですから、サーキュラーエコノミーへの取り組みを加速することは人類にとって正しい道だと、私は心の底から信じています。

捨てられるものに新たな価値を見出す「アップサイクル」

サーキュラーエコノミーを深く知るためのキーワードの一つに、「アップサイクル」があります。

アップサイクルと対になる概念が、「ダウンサイクル」です。これは、捨てられるものを再利用するが、そのときに価値が下がってしまうことを指します。例えば、もう着なくなった服を使って雑巾をつくることは、ダウンサイクルの一例です。

これに対してアップサイクルでは、捨てられるはずだったものに新たな価値を与えて再生します。例えば、着なくなった服を切ってデザイン性豊かなバッグにつくり替えるなどが該当します。つまり、サイクルを回す際に価値が高まるか落ちるかで、その循環がアップサイクルかダウンサイクルかが決まるわけです。

木材の再利用方法にはさまざまなやり方があります。例えば木材を加工する際に生じた切れ端（端材）などは、製紙用パルプの原料にされ、トイレットペーパーなどに生まれ変わります。

また、家を取り壊して生じた廃材を細かく砕いて圧縮し、木材を住宅や家具用の木質パネルに加工することもありますし、チップ状にした木材を燃料（バイオマス燃料）にして発電する取り組みも進められています。特に、建築廃材をバイオマス燃料として再利用することは、リサイクルの有力な手法として注目を浴びているところです。

ただ、どんな方法で木材を再利用するにしても、細かく砕いたり固めたりする際に余計なエネルギーが必要になります。また、バイオマス燃料として再利用する場合も、温室効果ガスを出すなどの環境負荷がかかってしまいます。やはり一番いいのは、古い木を加工せず、そのまま使うことです。そして、古い木が秘めている価値を引き出すことができれば、木材の循環をアップサイクルに変えることができます。

ちなみに山翠舎でも古木から紙をつくろうとしたことがありましたが、結局手間とコストがかかりすぎるため、断念しました。つまり、古木からできる紙にそれに見合うだけの付加価値がなかったのです。

古民家・古木
サーキュラーエコノミー

では、私たちの事業がどのようなものなのか、ここで少し詳しく紹介させていただきます。

山翠舎では、東京都内を始めとする幅広いエリアで事業を展開しています。本社は長野県にあり、長野市や小諸市などの地方都市で設計・施工・マッチングなどにも活発に取り組んでいます。

その取り組みが評価され2020年には『古民家・古木サーキュラーエコノミー』でグッドデザイン賞を受賞しました。

受賞に際し評価されたポイントは次のようなものでした。

古木を収集・備蓄・整備し、単なる販売に留まらず設計・施工まで行うことで再利用を促す取り組みであること。

現在では入手困難な木材、仕口《しぐち》・継手《つぎて》などの建築技法、斧・まさかり・ちょうなによる手仕事といった伝統文化の保全をしているということ。

また、ただ流通させるだけではなく、職人の育成、古民家や古木のデータベース化、自社設計・施工による付加価値のある用途の開発など今後の広がりを期待できること。

これまでやってきた山翠舎の事業・取り組みがまさに認められたと思うと同時に、私たちの取り組みは今の時代に求められているものなのだという強い確信を得られた瞬間でもありました。

※グッドデザイン賞の詳しい選定理由については下記の二次元バーコードから動画でご覧いただけます。

循環するビジネス「古民家トレーサビリティシステム」

山翠舎が展開している「古木を使った施工や古民家の移築」「古民家を持つ人と古民家を活用したい企業・人のマッチング（サブリース）」の事業のうち初期から手がけていたのが施工と移築でした。

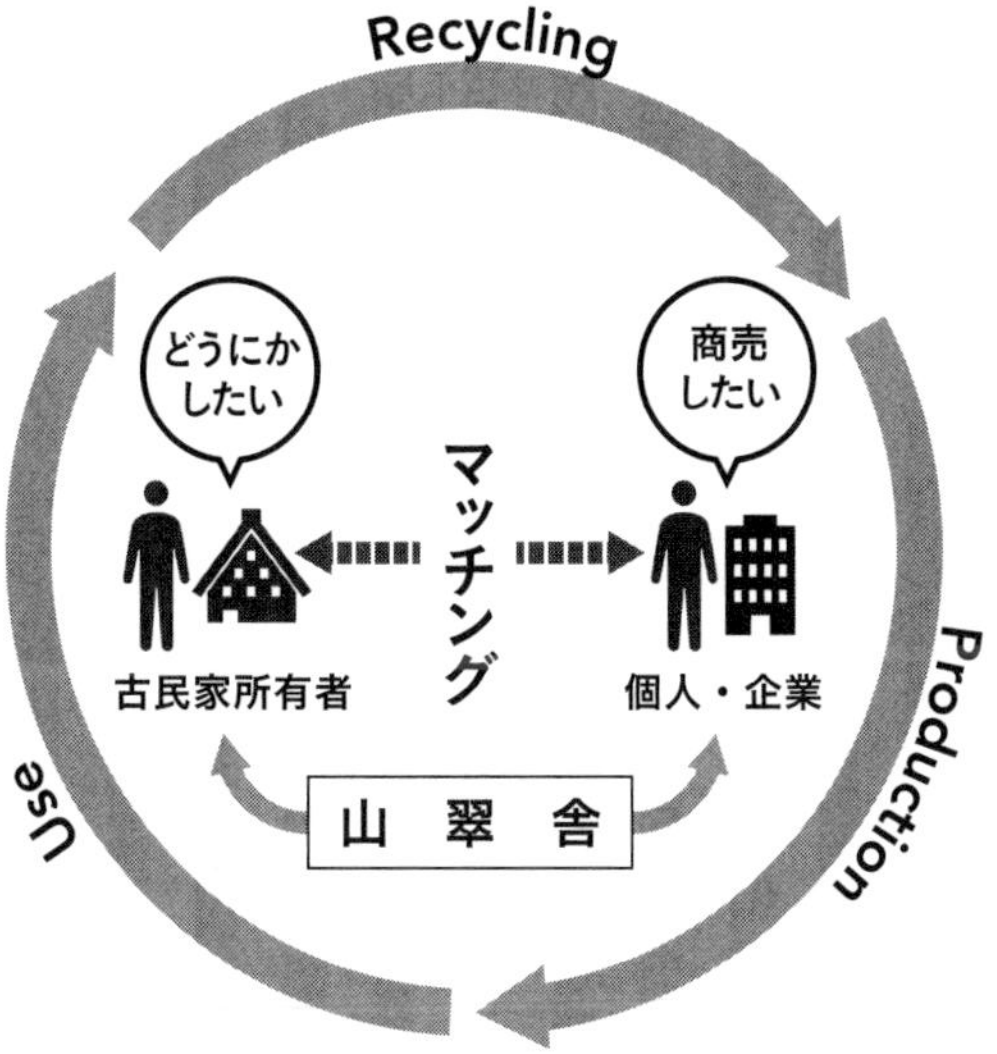

これら2つの循環モデルは比較的シンプルで、理解しやすいはずです。

空き家になっている古民家を解体・移築し、得られた古木や古民家を別の建物で利用する。そして、その建物が役割を終えたら、再び解体・移築して別の建物で再利用する。これが、山翠舎が最初に手がけた循環モデルでした。

廃棄する木は最小限に抑えられ、多くが古木として再利用できるため、地球に優しいしくみになっています。

一方、古民家を持つ人と古民家を活用したい企業・人とのマッチング事業に関しては、もう少し複雑な循環モデルになっています。

まずは、古民家の管理に悩んでいる人と、古民家を使って商売をしたいと思っている企業・人の情報を集め、互いのニーズをすり合わせます（①）。

マッチングが成功したら古民家の解体に進み（②）、移築する場合はそのまま別の場所に運んで工事を進めますし、解体する場合は再利用可能な古木をより分けて倉庫にストックします（③）。

このとき忘れてはならないのが、すべての古木について建てられた年代・場所・サイズ・木材の種類などの情報を残しておくことです（④）。そうすることでトレーサビリティが確保され、古木の再利用時にルーツをたどることができます。

この循環は、まだ終わりではありません。

古民家を利用した店に対する開業サポート（⑤）、メディアを通じたブランディング戦略の立案・支援（⑥）、古木のファンを増やすことで市場全体のパイを増やす（⑦）といった取り組みも行います。

そして、古木に関わる人が全員笑顔になれる世界をもたらし、サステナブルな社会をつくってまた新たなサイクルを回していくのです。

私たちはこの循環モデルを、「古民家トレーサビリティシステム」と呼んでいます。

料理人と古民家の家主をつなぐ事業としての「料理人応援システム」

ではもう一つ、第1章で紹介した事業構想大学院大学の修士論文がもとになったビジネスモデルの「料理人応援システム」について紹介しておきましょう。

このシステムの着想を得たのは次のような流れからでした。

まずは、山翠舎の施工する店舗に飲食店が多く、その廃業するところも少ない傾向にあることから、お客様となる料理人に着目しました。

そこで考えたのが、料理人のペイン（弱点）の解消をコンセプトにした新規事業です。

飲食店は一般的に潰れやすい業態と言われています。

そうすると、関係者はどういう行動、習慣、慣習になるか。

金融機関はあまりお金を貸したくなくなり、当然、貸出の際の金利は高くなります。このことから、飲食業界の現状としては、融資金額が足りず、厨房機器やエアコンなどはリースを使うのが当たり前になってしまっています。これが開業後の資金繰りを厳しくする一つの要因でもありました。

また、金融機関がお金を貸すのを渋るもう一つの要因は事業者側（お店を出店する料理人）にもありました。それは開業することがゴールになってしまう傾向にあるということです。そのため、お店を出店したいと考える料理人の多くは事業計画をしっかりと考えられていない傾向にあります。これでは融資金額が少なくなるのも無理はありません。

このようなことから新規開業の飲食店の多くが内装にお金をかけられなくなるわけです。

安っぽいお店は、お客さんにはすぐわかります。

内装にお金をかけないお店は潰れるというと大袈裟ではありますが、内装にお金をかけているお店は、コンセプトがしっかりしているため、長くお店を経営しているのは事実です。私の身の回りのお店で10年以上経営しているお店は、すべてコンセプトのしっかりとしたお店です。

一方で、不動産仲介業者のやり方も昔から変わらず、飲食店の場合は潰れやすいという理由から保証金は8ヶ月が平均。これは信用がないなら、先にお金をプールしておくというやり方です。

つまり、飲食店は潰れやすいというのは、構造的にそうしてしまっている、周りの人々にも責任があるのではないかと思ったのです。

また、私は店舗の原状回復の工事をするたびにムダなことをしていると思っていました。つまり、安い内装がスクラップアンドビルドの原因になっていたのです。

であれば、

「始めから潰れないお店をつくれば、スクラップアンドビルドになることもない」

「そうすれば、環境負荷が少なくなる」

私はそのように考えました。

そこで思いついたのが、「料理人応援システム」でした。私はこのシステムに「オアシス」という名前をつけました。その理由は料理人にとってのオアシスになるようなサービスを目指したいということからです。

具体的な内容は次に挙げるようなものです。

（1）飲食店に合う未公開物件の情報提供

500店舗以上の施工実績から山翠舎に集まる、表には出てこない物件情報を提供する（特に良質の古民家の物件が多い）。

（2）保証金などの初期費用が最大ゼロ円

保証金として求められる家賃8ヶ月（前後）分を山翠舎が交渉・負担することにより初期費用が最大ゼロ円となる場合がある。

（3）物件を借りる際のサポート

家主との交渉から契約締結まで山翠舎がサポートする。

（4）事業計画書作成の支援

金融機関が納得して融資をしてくれるような事業計画書を、中小企業診断士などが一緒になって作成してくれる。

(5) 補助金や助成金の申請をサポート

「創業助成金」や「新規開業賃料補助金制度」など地域によってさまざまある創業支援の補助金制度の情報提供や申請の手伝いをする。

(6) 保証金返却や原状回復不要などの交渉を肩代わり

移転の際の保証金返却を少なくする交渉や原状回復工事をしなくて済むよう山翠舎が間に入って交渉をする。

これは料理人のリスクをある意味、山翠舎が共有することで成り立つしくみです。ただそこは、これまで多くの飲食店を手がけてきたことから得られた、料理人に対する目利きの部分でリスクヘッジしているつもりです。

「古民家トレーサビリティシステム」とも連動しつつ、この「オアシス」が大きく成長していけば、地方の抱える問題も同時に解決できると私は考えています。

地方が抱える深刻な人口減少問題

地方でサーキュラーエコノミーを実践する私たちは、現在の地方が抱えている課題についてはは、よくわかっています。

地方が抱える課題の中で最も大きなものは、人口減少でしょう。

その点、2022年4月に総務省が発表した人口推計の調査結果は衝撃的でした。日本の総人口は、対前年比で0・51%、64万4000人も減少。なんと、沖縄県を除く46都道府県で人口が減ってしまったのです。

なかでも深刻なのは、やはり地方です。人口減少率が最も高かったのは秋田県で、対前年比で1・52%減。続いて、青森県(1・35%減)、山形県(1・23%減)、長崎県(1・18%減)、福島県(1・16%減)と続きます。

人口が減ると、地域にさまざまな悪影響を及ぼします。

まずは税収が減って、行政サービスの水準は下がってしまうでしょう。例えば

2006年に「財政再建団体」となった北海道夕張市は、さまざまな公共施設が廃止されたり、税金やゴミ処理費用、下水道使用料などが軒並み増額されたりしました。今後、人口減少によって財政破綻を引き起こし、夕張市のようになる地方自治体が現れる危険性は大いにあると見られています。

民間サービスの水準も低下します。病院やスーパー、鉄道やバスなどの各種サービスは、その地域にある程度の人口がなければ採算が取れません。人口が減ると、こうした民間企業やサービスが地域から撤退し、生活が不自由になるのです。特に、高齢者などその地域から離れられない事情のある人は、深刻な状況に立たされます。

人口減少は、地域の活力低下ももたらします。空き家が増えて景観が悪くなったり、地価の下落に歯止めがかからなくなったりする。

労働者や後継者不足で、企業の存続が難しくなる。子どもが少なくなって学校の統廃合を余儀なくされたり、クラブ活動の継続ができなくなったりする。町内会活動や祭りなどが取りやめになり、その地域に愛着を持つ人が少なくなる……。

こうした状況は、負のスパイラルをもたらします。人口減によって地域の魅力が失われ、それが原因で地域から人が離れていくのです。

人間関係の難しさを乗り越えれば吉

現在の山翠舎では、長野市の善光寺周辺と、小諸市の旧北国街道沿いに焦点を合わせて開発事業を展開しています。その中で気づいたことが、人間関係の難しさが地方活性化を阻むケースもある、という事実でした。

地方を盛り上げるには、さまざまな循環をつくり、サイクルを回し続けなければなりません。そのためには、できるだけ多くの人に参加してもらい、さらに、参加者同士が互いに協力し合って流れを絶やさないことが大切です。

例えば、東京からの移住者であるAさんが長野で新しい飲食店を開業する際、長野に昔から住んでいるBさんにお世話になったとします。

このとき、Aさんが「人に何かしてもらうのは当たり前だ」と考え、社会に対して恩を返さなかったら、循環の流れは止まってしまいます。

一方、Aさんが「自分が受けた恩を、他の人に返そう」と考え、別の移住者Cさんが長野で開店するときにサポートしたら、善意はさらに次の人に届いてプラスの循環が生まれるのです。たくさんのプレーヤーが集まり、複数の循環をつくりやすい都会なら、一人や二人のエゴイストがいても問題にはなりません。その人がいない循環をつくれば、サイクルは十分に回るからです。

ところが、プレーヤーの数が限られている地方の場合は、エゴイストが一人加わるだけで循環の勢いがそがれてしまいます。特に、その地域・コミュニティのキーパーソンが変わった人だったりすると、周囲の人々のエネルギーは失われてしまう一方です。

地方だからこそビジネスに有利な点がある

人口減少や人間関係の難しさなど、地方にはいくつかのハードルがあります。しかし一方で、地方だからこそビジネスが展開しやすい面もあります。

まず挙げられるのは、地方で面白い取り組みを始めると非常に目立つという点です。

多くの事業者がしのぎを削る首都圏でかなり特色のあるビジネスを始めても、ライバルに埋もれてしまいがちです。

ところが地方なら、社会的課題を解決するビジネスを始めるだけで、テレビや雑誌に取り上げてもらえます。特に、地方活性化や社会貢献などのテーマ性があるビジネスの場合、メディアや行政の注目を集められる可能性は大です。そうして応援者を増やせば宣伝効果は高まり、知名度や企業イメージアップにつながるでしょう。

優秀な人材を獲得できる可能性も、意外なほど高いと言えます。「地方には人がいない」という先入観を持っている人もいるでしょうが、それは正しい認識ではありません。地方には有力な企業が少ない分、自社の企業イメージを高められれば、域内の優秀な人材を集めやすいのです。

また、現在は都会に住んでいても、いずれは地方への移住を考えている「潜在的移住希望者」もたくさんいます。こうした人々を上手に取り込めば、人的リソースの不足に悩むことはなくなるでしょう。

特にコロナ禍以降は、リモートワークの普及で地方移住を考える人が増えました。また、副業を認める企業や、週休3日制を取り入れる企業が増えていることもあって、地方で副業を希望する人材を社内に招き入れるチャンスも多くなっています。

山翠舎は全従業員数25人ほどの企業ですが、長野市が提供している副業人材斡旋プログラム経由で数名の副業人材が加わっていて、大きな働きをしてくれています。

お金の面でも、地方だからこそのメリットがあります。

それは、補助金・助成金の存在です。

例えば山翠舎が本社を置く長野県では、ビジネスの手法により社会的課題の解決を目指す企業を支援する「ソーシャル・ビジネス創業支援金」、ＡＩやＩｏＴを活用して自社の課題を解決しようとする中小企業を対象とした「中小企業先進的取組等支援補助金」、首都圏などから長野県に移住して就業または創業しようとしている人に移住支援金を支給する「ＵＩＪターン就業・創業移住支援事業」など、さまざまな助成金制度が用意されています。また長野市には、新製品の開発や販路開拓などにかかる費用を助成する「新産業創出・販路開拓に対する補助制度」があります。

山翠舎が展開している事業のうちのいくつかも、これらの補助金・助成金を受けています。現在、地方では経済的な地盤沈下が続いています。こうした状況を放置しておくと、さらに人口減少や経済環境の悪化などが進むため、国や地方自治体は企業を支援することによって経済の盛り上げを図っているのです。また、地方自治体の中には人的リソースが足りていないところもあり、社会的課題に取り組む企業に助成金を出すことで、地方自治体のマンパワー不足を補おうと考えているところもあります。

このように、地方には有意義な助成金制度がたくさんあり、また大都市圏と比べ競争相手も少なく、新たなビジネスとして比較的採択されやすいというメリットもあります。これらを存分に活用すれば、リスクを抑えながら事業をスタートできるのです。

そして、行政や地域コミュニティとの距離が近い点も、地方の良さの一つです。例えば、小諸市の担当者とは頻繁に連絡を取っていて、小諸市への移住を希望する人がいたら、コワーキングスペース合間を紹介してくれたりもしています。

新たなビジネスに取り組む際、多くの協力者を巻き込めるほど成功の可能性は高まります。このとき地方であれば、行政や地域コミュニティとの距離が近く、より協力を得られやすいと言えるでしょう。

古民家は地方に残っている貴重な資産

ところで、現在の山翠舎は地域に残っている古民家を活用してビジネスを展開しています。私たちにとって、古民家は貴重な資産なのです。では、なぜ長野市や小諸市にある「街道」には、資産である古民家がたくさん残っているのでしょうか。

2022年現在、東京には古民家がほとんど残っていません。理由はシンプルで、ほとんどが取り壊されてしまったからです。古民家として使うより、雑居ビルなどにして多くのテナントを入れるほうが儲かるため、古民家は残っていないというわけです。

一方、長野では開発がそれほど進まなかったので、結果的に古民家が壊されずに維持されたのでした。逆説的な話ですが、寂れた地方ほど古民家という資産が手元に残っているわけです。

観光庁によると、新型コロナウイルスの感染拡大が始まる直前の2019年、訪日外国人旅行者数は３１８８万人に達しました。このうち、訪日回数が２回目以上のリピーターは約６割を占めていたそうです。

初めて日本を訪れる外国人は、成田空港から入国して東京観光をし、箱根、富士山、名古屋、京都、大阪を経由して関西国際空港から出国する「ゴールデンルート」をたどるケースが多いと聞きます。しかし、日本を何度も訪れているリピーターは、ゴールデンルートを外れた田舎に足を伸ばすのです。そして、日本にしかない田園風景を満喫します。

都市の観光地は、どの国でも似たり寄ったりです。例えば、東京スカイツリーは日本を代表する観光スポットですが、中国には広州塔（広州タワー）や東方明珠電視塔（上海テレビ塔）、マレーシアにはクアラ・ルンプール・タワー、カナダにはＣＮタワーがあります。高いタワーは、スカイツリーだけではないのです。一方、日本の古民家は日本でしか楽しめません。普段から古民家を見慣れている地元の人は気づきにくいことなのですが、これはすごいことだと私は考えています。

北海道のニセコは２０００年代から外国人観光客が増え、今やアジアでトップクラスのリゾート地となりました。現在はコロナ禍の影響で外国人の姿はまばらですが

（2023年1月時点）、いずれは戻ってくるでしょう。ニセコにとって最大の資産は、パウダースノー。アジアにはニセコのような雪質のエリアが他にありません。

日本の古民家も、ニセコのパウダースノーと同様のポテンシャルを秘めています。上手に魅力を引き出せば、たくさんの観光客を引き付けられることでしょう。

深刻さを増す「放置古民家」問題

一方で、現在の日本では、空き家の数が加速度的に増えています。

総務省の「住宅・土地統計調査」によると、2018年における日本全体の空き家数は846万戸でした。これに対し、野村総合研究所は2033年の空き家数が2100万戸まで増えると予測しています。少子高齢化と人口減少が進む日本では、空き家の増加に歯止めがかからない状態です。

地方では、問題はより深刻です。総務省の「平成30年　住宅・土地統計調査」によれば、都道府県別に見た空き家率ワースト3は山梨県（空き家率21・3％）で、次いで和歌山県（20・3％）、長野県（19・5％）でした。

ちなみにベスト3は埼玉県（10・2％）、沖縄県（10・2％）、東京都（10・6％）となっています。

空き家を放置しておくことには、たくさんのリスクがあります。雑草が伸び放題になり、ドアやガラス窓が壊れたままの家は、治安や景観など近隣に多大な迷惑をかけることでしょう。不法侵入者や動物などが居つくと、犯罪や事故、放火といった思わぬトラブルを引き起こす危険性も高まります。

しかし、空き家を放置する人の側にも事情があります。規模にもよりますが、空き家を解体するためには300万～500万円前後の費用がかかります（建坪60坪相当の古民家の場合）。また、住宅を解体して更地にしてしまうと、固定資産税が一気に6倍にまで跳ね上がるケースがあります。つまり、経済的な理由から、古民家をそのまま放置してしまうケースが多いのです。

こうして、空き家となっている古民家の数は徐々に増えています。

日本政策投資銀行の「古民家の活用に伴う経済的価値創出がもたらす地域活性化」によれば、日本における古民家の空き家数は21万戸。おそらく、2033年には50万戸を超えることでしょう。

ここまでお伝えしてきたように、古民家や古木には大きな価値があります。それは、地方にとって、潜在的な資産と言えるものです。それらを空き家のまま放置せず、有効活用することは、地方活性化に大いに役立つはずです。

「潜在的空き家」こそ磨くべき対象

国土交通省の定義によれば、1年以上誰も住まず、使われてもいない家は空き家とされています。逆に言えば、関係者が1年に1度以上訪れ、掃除やメンテナンスをしていれば、空き家にはならないということです。

こうした「潜在的空き家」は、定期的に人の手が入っているため、大規模な補修をすることなく、そのままの形で使える可能性が高い物件です。

また、取り壊したりせず維持しているということは、持ち主にとって貴重なものであるのでしょう。その分、家としての価値も高いと見込まれます。

このような、将来的に捨てられてしまう可能性がある物件こそ、磨いていくべき対象だと私は考えています。

ただし、その古民家が貴重な存在であるがゆえに、買い取ったり借りたりするまでにはある程度の時間が必要になります。持ち主にはそれぞれ、家を処理したくない事情があって、それが売買・賃貸契約を結ぶ際にネックとなります。

たとえば対処が難しい問題に「仏壇」があります。

経験上、立派な古民家には、たいてい立派な仏壇が置かれていますが、こちらの処遇は難しい問題になりがちです。

実は、日本における仏壇は1300年以上前、天武天皇が「諸國家毎に佛舎《ほとけのみや》を作り、即ち佛像と経とを置きて礼拝供養せよ」と発布したのが始まりとされています。

当初は貴族など一部の人だけを祀っていましたが、江戸時代になると、庶民の家にも仏壇が置かれるようになりました。以来、仏壇は日本人にとって、先祖を偲び家族の心を一つにする、大事な存在として生活に溶け込んでいます。私の家でも、実家暮らしだった幼少期は毎日仏壇に手を合わせていました。そんな習慣が愛着のわく理由の一つでもあるのかもしれません。現に古民家の処理を検討している人の中で、仏壇の問題に悩んでいる人は決して少なくありません。家自体は取り壊してもいいが、仏壇だけはなんとか残したい。そうしなければ、ご先祖様に申し訳が立たないと考えるのです。

ある古民家を山翠舎が借り上げ、そば屋に転用しようとした案件がありました。その家の持ち主は、「家中のどんな箇所も好きなように改装していいが、仏壇のある部屋だけはそのままにしてほしい」と仰っていたのです。

そこで持ち主に提案したのが、想い出お預かりサービスです。

不便な場所にあって商業施設としては使いづらい古民家を山翠舎で借り上げ、そこに複数の持ち主から預かった仏壇を置くことで、仏壇をそのまま維持します。

仏壇と思い出の品を預かる。こうすれば持ち主が望むときに、仏壇のある古民家を訪れてお参りすることができます。

古民家の持ち主とのやり取りは、相手の気持ちに沿って丁寧に行うべきもの。古民家が「潜在的空き家」になっているということは何かネックになっているものがあるということです。それを取り除いてあげることも大切な仕事であり、そこに私はとてもやりがいを感じています。

「モノを売る」では限界があるが「コンテンツを売る」には無限の広がりがある

地域の中には、他の地域には負けない名産品を持っているところがあります。例えば、新潟県糸魚川市は名産品のヒスイを生かして「石のまちプロジェクト」と呼ばれるプロモーション戦略を立て、市全体をブランド化しようとしています。また、新潟県魚沼市の「魚沼産コシヒカリ」のように、地域名のついたブランドが広く知られているものもあります。

こうした強いブランドを持つエリアは、地域活性化を進める上でかなり有利です。ただ、特産品だけで持続的に活性化を図るのは難しいと、私は考えています。石や米を売っても、経済効果としては一過性のもの。たくさんの人をリピーターに変えるには、パワーが足りません。

そこでお勧めしたいのが、モノではなくコンテンツを売るやり方です。私の息子は、田植え体験で魚沼に行ったことがあるのですが、これまでにない体験ができたようでとても楽しそうでした。

つまり、「米×田植え体験」のようにコンテンツ化すると、大きな人の流れが生まれるというわけです。

糸魚川市でも、単にヒスイを販売するだけでなく、「石×ものづくりワークショップ」、「石×温泉」、「石×ガイド付きツアー」などのコンテンツを提供して、町おこしを進めています。

山翠舎が小諸市で展開しているのも、同じ発想に基づいています。古民家だけで訴求するのではなく、「古民家×コワーキングスペース」（合間）などのように、その場で体験できるコトと組み合わせて提供しています。

地域に本気でコミットする熱意を示す

山翠舎は1930年から、長野市内で事業を展開してきました。これまでの歴史がありますから、少なくとも長野市内ではある程度の信頼を得られています。

一方、小諸市でビジネスを始めてからはまだ数年です。そのため、小諸市在住者の中には、私たちを「新参者」と見ている人がいるかもしれません。

「よそ者」と考えられている人や企業が、その地域の他企業・行政・住民から支援を受けるのは並大抵のことではありません。そのため、地元の人しか知らない良い情報も手に入らないのです。

例えば山翠舎のサブリース事業では、良い古民家を持っているが、処分に困っている人の情報が絶対に欠かせません。こうした情報は、地元で長年にわたって仕事をしてきた工務店とか、地域に根ざした不動産屋などにしか入らないのです。他の業態でも同じことが言えるでしょう。

よそ者のままで留まり、良い情報が得られない状況では、事業の成功など期待できません。

それでは、その地域から受け入れてもらうためにはどうしたらいいのでしょうか。私は、2つのやり方があると思っています。

まず1つ目は、投資をし、汗をかいて、自分の本気度を示すことです。

例えば小諸市における山翠舎の活動で言えば、自分たちのお金でコワーキングペース合間や駐車場などの施設をつくり、小諸を盛り上げようとする姿勢を見せる。地域に人を呼び込むため、宣伝活動などに汗をかく。そうしてお金や時間を費やせば、「私はこの地域に本気でコミットしようと考えている」という思いを伝えられると思うのです。

言葉で熱い想いを伝えても、それだけで地元からの信頼を得ることはできません。私自身も、長野への熱い思いを語る人と何人も会ってきました。

「これまでふらふらしてきたが、この後の半生は長野に骨を埋めたい」「長野の経済を活性化させるため、全力を尽くしたい……」

私はここまでそんな言葉をたくさん聞いてきました。しかし、実際に行動を起こさないまま、どこかへ消えてしまった人がたくさんいます。やはり、口先だけではなく行動が大事なのです。

地域から受け入れたもらうためのもう一つの方法は、小さな地域貢献を積み重ねることです。

千葉県夷隅郡に、築200年の古民家を活用した、株式会社人と古民家という設計事務所が運営している「まるがやつ」という旅館があります。こちらの売りは、建物一棟ごとに借りることができ、農業や味噌づくり、バーベキュー、囲炉裏などの田舎暮らし体験が楽しめる点です。

まるがやつは、オープン当初から地元に受け入れられていたわけではなかったそうです。しかし、評判が高まって多くの宿泊客が集まるようになると、地場の食材をたくさん買い付けたり、雇用が生まれたりして地域にプラスの影響をもたらすようになりました。その結果、徐々に地域になじんでいったそうです。

最初から大きな成果を出そうと焦る必要はありません。まずは、小さな貢献でいいのです。その地域で採れた野菜をメニューに組み込む、地ビールや地酒を数本仕入れて提供するなどの取り組みを続ければ、地域から自然と受け入れられるようになります。

「老舗の看板」が地域でものを言う

移住者がある地域に根を下ろし、周囲からの信頼を得るまでにはかなりの期間がかかります。その点、古くからその地域で事業を展開してきた企業は有利です。「老舗の看板」があるため、最初から地元で強固なネットワークを持っていますし、住人からの信頼も厚いからです。

老舗企業の2代目・3代目は、地域で大きな存在感を発揮していた先代の威光をフル活用できます。「親の七光り」は、経営者にとって恥ずかしいものではありません。先代が築き上げてきた信頼という財産を生かして事業を広げ、その結果、地域に貢献できればいいことではないですか。先人から受けた恩は、次世代の人に返す。そうして循環をつくるのも素晴らしいことです。

話は横道にそれますが、2代目・3代目は線が細いと、よく言われます。ゼロから事業を興した創業者は、自らの才覚だけで道を切り開いてきたため、バイタリティに溢れています。それに比べ、創業者に守られて成長してきた2代目・3代目は、温室育ちだと言うわけです。確かに、3代目である私も、創業者の祖父、その後を継いで会社組織に育て上げた父と比べると、そうした部分があるのかもしれません。

ただし、2代目・3代目も創業者にはない苦労があります。後継者はどうしても、豊かな経験で会社を引っ張ってきた先代と比べられます。そして先代の頃より業績が落ちると、非難の矢面に立たされることもしばしばです。

また、先代が打ち立てたビジネスモデルが、後継者の代になると古くて使えなくなっているケースも珍しくありません。後継者がその事実に気づき、新たなビジネスモデルを導入しようとすると、先代の頃から働いているベテラン重役から抵抗を受けることもよくあります。そうした状況で会社を新たな道へと導くことは、かなりのパワーが必要となります。

ここで後継者のみなさんに強調したいのは、新規事業にはすべてを（命を）かけて取り組んでいただきたいということです。中途半端な気持ちでは社員に申し訳ない。最初は冷ややかに見られるかもしれませんが、必ず誰かが見ていますし、少しずつ協力者が増えてきます。そうすることで、少しずつ結果がでてくるものです。また、それが自信につながりますので、線が必ず太くなるはずですし、熱意があれば四六時中事業のことを考えていられます。

ただ一つ注意してもらいたいのは、私がそうだったようにその想いが強すぎるあまり空回りしてしまうとうまくいきません。

大事なのは先代の築き上げた事業に、自分の強みをうまく生かした新規事業を加えるようなイメージで、少しずつ実績を積み上げていくことだと思います。

だからこそ、先代が築き上げてきたネットワークや信頼はありがたく受け継ぎ、ベテラン重役をうまく味方につけながら、会社を新しい時代に合ったやり方に軌道修正していく。そんなしたたかさが必要だと思います。私がそう思えるようになるのに（社長になって）10年もかかりました。

第3章

古民家×ビジネスが地域にもたらしたこと

キーパーソンインタビュー①

地域で循環経済をつくるのに行政担当者のパッションは強い味方

小諸市役所
髙野慎吾さん

小諸市役所産業振興部商工観光課に所属し、コンパクトシティ型の町づくりを進めている。またプライベートでも田舎で創業したい人を支援する活動に精力的に取り組んでいる。

この章では、長野や小諸という地域を活性化するために取り組んでいる4人のキーパーソンにお話を伺いました。彼らが何を目指し、どう行動しているのかをお伝えすることで、他の地域の方々にも参考にしていただければと考えています。

最初に登場していただくのは、小諸市役所の産業振興部商工観光課で企業立地定住促進係に属している髙野慎吾さんです。実は、私が小諸で古民家ビジネスを手がけようと思った決定打は、髙野さんがいたからでした。

地域の活性化に関わるビジネスを展開しようとする場合、行政担当者のパッションは非常に重要です。

9時～17時でしか働かない、自分の担当範囲を外れる仕事は絶対にやらないという行政官がいると、地域の熱量は一気に冷え込んでしまいます。一方、行政官が上手に交通整理をしてくれる地域は、スムーズに循環を続けます。

地域の循環にはいろいろな企業・人が加わります。古民家ビジネスなら、古民家を持っている大家、古民家を借りて出店したいと考えている企業や経営者、山翠舎のような設計・施工会社、テレビ局や新聞社などのメディア、融資などを担当する金融機関、物件の仲介役を務める不動産会社……。

これらのうち、かなりの部分は入れ替えが可能です。例えば、古民家の物件はたくさんありますから、ある大家さんが無理な条件を出してきても、別の物件の持ち主と交渉をすれば済みます。

また、設計・施工会社もいくつもあるので、山翠舎が気に入らなければ他社に依頼すればいいだけです。
ただ、行政だけは取り替えがききません。ある地域で循環をつくりたいとき、そこの行政が企業の足を引っ張るような担当者ばかりなら、プロジェクトは絶対にうまくいかないのです。

企業や店を誘致して地域の活性化を目指す

山上　髙野さんは小諸市役所の商工観光課で働いています。まずは、髙野さんが市で果たしている役割について教えてください。

髙野　私が担当しているのは、小諸市に企業や工場を誘致する仕事です。
まず前提として、小諸では今、コンパクトシティ型の町づくりを進めています。市役所などの公共施設や病院、商業施設などを町中に集め、車がなくても生活しやすい町にしようとしています。

２０１５年に市役所の新庁舎が完成するなど、行政側でできるハード整備はかなりのところまで進みました。今後は「行きたくなるコンテンツ」を町に増やし、多くの人が回遊できるようなしくみづくりに取り組む方針です。それで私も、魅力のある店を小諸に誘致する仕事に力を入れ始めました。

山上　企業誘致の一環として、地域に店を呼び寄せているわけですね。

髙野　そうです。その際に一つの武器としているのが、旧北国街道沿いに点在している、いくつかの古民家です。

今は古いものに価値を見出だす時代になっていますから、古民家にひかれる消費者は多いはず。それで、「古民家を活用した店を小諸に出して他地域のお店と差別化を図り、集客力を高めましょう」と店舗経営者にＰＲしています。

ただし、古民家をそのまま店に使うのは、特に個人店にとって難しいのが実情です。改装にはそれなりのコストとノウハウが欠かせません。そこで古民家に詳しい企業を探していたところ、山翠舎に関する新聞記事を見つけ、山上さんに電話を入れたという経緯です。

山上　一方、高野さんは小諸市の市民団体である「おしゃれ田舎プロジェクト」を立ち上げ、小諸を盛り上げる活動をしていますよね。こちらはいつ頃から始めたものですか？

高野　2019年の秋からです。私は市役所内の町おこしに関する自主勉強会に参加していたのですが、そこで一緒になった先輩職員と意気投合し、プロジェクトをスタートしました。今では、地元コミュニティテレビのキャスター、商店街の振興会会長、デザイナーやフォトグラファー、地域にあるお店の店主などたくさんの仲間が参加しています。

山上　プロジェクトはどんな活動をしているのでしょうか？

高野　田舎で創業したい人を支援しています。例えば、創業希望者とフィールドワークを実施して商店街のポテンシャルを体感してもらう、補助金や融資制度を紹介する、お店同士のコラボ企画や大規模イベントを仕掛けて新店をバックアップするなどの取り組みを実施中です。主に東京都内でセミナーを開催し、田舎で創業・出店したい人たちに私たちのプロジェクトを広報しています。

山上　取り組みの結果、空き店舗は減っていますか？

高野　そうですね。旧北国街道でも、小諸駅から市役所までつながる相生町商店街でも、空き店舗の数は徐々に減っていると感じます。

市の破綻に対する危機感が町おこしのモチベーションに

山上　高野さんは小諸の出身ではないですよね？

高野　はい。私は長野県松本市で生まれ育ち、大学卒業後は松本市内の企業に就職しました。しかし、途中から公務員を目指すようになり、松本市と安曇野市の公務員試験を受けたのですが合格できませんでした。

そのような中、私の妻は小諸に近い長野県佐久市の出身ということもあり、小諸市役所を受けてみたら合格して12、13年くらい前にこちらに引っ越したのです。

山上　引っ越した当時の小諸に対し、どんな感想を持ちましたか？

高野　人口24万人の松本市に比べると、人口4万人あまりの小諸市は閑散とした雰囲気でした。お店の数も段違いに少なかったですし、松本にはパルコのような大型店舗があって若者たちで賑わっていましたが、小諸にはそういったスポットがありませんでした。なんとか地域を盛り上げないとまずいと感じました。

山上　髙野さんが商工観光課に異動してから何年くらい経ちますか？

髙野　今、3年目です。

山上　市役所では普通、ジョブローテーションがありますから、あと数年で別の部署に異動するということもありえますよね？

髙野　基本的にはそうなりますね。

山上　そうした中、髙野さんは仕事に取り組むだけでなく、プライベートな時間を使って小諸の町おこしに力を注いでいます。お店の経営者であれば、小諸が盛り上がれば自分の店も儲かるわけですから一生懸命頑張るのは分かるのですが、髙野さんは公務員で、町が盛り上がっても給料が上がるわけではありません。いったい何がモチベーションになっているのですか？

髙野　一つは、活動が楽しいということですね。地元の人とつながり、町おこしという同じ目標に対して一緒に頑張るのが、単純に楽しいです。おしゃれ田舎プロジェクト

おしゃれ田舎プロジェクトを発足して初めてのセミナー。東京都有楽町にて開催し約20名の創業希望者が集まった

のポリシーは、できるときにできる範囲で楽しく活動することです。参加メンバー全員が本業を持っていますから、無理をせず楽しむことが、活動を長続きさせるポイントです。

もう一つのモチベーションは、自分が住む町がダメになったら、住人としても市の職員としても困るという危機感です。

山上　なるほど。万が一小諸市の財政が傾き、財政破綻した夕張市のような状況になるとまずいですよね。そうした危機感は、以前から持っていましたか？

髙野　いや、そんなことはありません。

商工観光課に異動するまでの私は、建設課など別の部署で働いていたのですが、当時は命じられた仕事をただこなすだけだったような気がします。

山上　その意識が変わったきっかけはなんですか？

髙野　小諸市が、市の基金を取り崩して行政を運営していると上司から聞かされたのが、大きな転機でした。それから、市の破綻を食い止めるため、自分に何ができるのだろうかと真剣に考えるようになりましたね。

山上　50歳を過ぎた公務員は、定年まで逃げ切れるかもしれません。でも、20代や30代の人は、この先何十年も地方自治体で働き続けるわけですからね。

もちろん、50代の地方自治体職員の中にも頑張っている人はたくさんいると思います。しかし、若い世代のほうが自分の町を盛り上げなければならないという危機感は強いのかもしれません。

髙野　今は、一生安泰だと考えて地方公務員を目指す人が減る一方、町を盛り上げたいと考えて入庁する人が増えていると感じます。

小諸市にもそういう職員はたくさんいますよ。私自身も、一生懸命に小諸を盛り上げようとする先輩の背中を見るうちに、あの人たちは楽しそうに仕事をしているな、町おこしの仕事はやりがいがありそうだなと感化されて、おしゃれ田舎プロジェクトなどに取り組み始めていますので。

観光客増加と地元の人々の生活利便性を両立

山上　小諸の魅力をPRするとき、どんなことに気をつけていますか？

髙野　他の地域から小諸に移り住んだり、開業したりした人の生の声を、できるだけ届けるように心がけています。私たち職員が語るより、先輩が語る体験談のほうが、移住を検討している人の心にグサグサと刺さるのです。

先輩移住者が小諸での暮らしを楽しみSNSなどで発信した声が、次の移住者を呼びます。そうすると小諸が盛り上がって移住者たちがもっと楽しめるようになり、さらに次の移住者を呼ぶのです。「類は友を呼ぶ」と言いますが、小諸での暮らしを楽しめる人たちが増えると、自然に移住希望者も増えていくと感じていますね。

山上　小諸の魅力を高める取り組みに、手応えを感じていますか？

高野　今はまだ、道半ばという感じですね。ただ、ずっと右肩下がりが続いていた中で、面白い波はつくれたかなと実感しています。この流れを絶やさず、徐々に大きくしていくことが現在のテーマですね。

山上　小諸の未来を考える上で、何かモデルケースはあるのでしょうか？

高野　例えば、「蔵の街」「小江戸」というキーワードで町おこしを行い、多くの観光客を集めている埼玉県川越市は、学ぶべき点が多いと思います。ただ、川越のやり方をすべてまねればいいかと言えば、それは違うと思います。

現在の川越にはあまりに多くの観光客が集まるので、そこで生活する人々にとっては不便な点もあるそうです。

小諸でも、旧北国街道が観光客でごった返し、地元の人たちが気軽に店に入れないような状況に陥ったら、地域のつながりが薄れて暮らしにくくなってしまうかもしれません。小諸の主人公は住民のみなさま。観光と生活利便性のバランスをうまく取りながら、町づくりを進める必要があると私は考えています。

山上　観光客を増やしつつ、地元の人たちの暮らしやすさも確保する。その舵取り役は、一企業にはなかなか担えないポジションですね。そこはやはり、行政の方々にお願いしたいところです。

髙野　確かに、地域のハブとなっていろいろな企業や人を結びつけたり、地域が抱える課題をいち早く見つけて対処したりするのは、行政の仕事なのかもしれません。私たちもそうした役割を果たせるよう、できるだけ努力したいと思っています。

また、他の地域から来た企業が小諸の地主さんと話をするとき、行政が間に入るほうがスムーズに進みやすいことがあります。商談をしようとする地元の方々にとって、行政の存在は安心感につながりますので。

ただ、いろいろな企業や人のつなぎ役を果たしたり、地域を盛り上げるために情報を発信したりするには、ある種のセンスや能力、そして強い意志が必要だとも感じるのです。そうした能力の持ち主が地方自治体にたくさんいるかと言えば、残念ながらそうではないのが実情です。

そこで、小諸の町おこしにできるだけ多くの企業や人を巻き込みたいのです。そうすれば、いろんな専門知識や経験を持つ民間人の方から意見を取り入れ、より良い町づくりができるはずです。

情熱ある行政マンがいる地域で事業を展開するのも手

山上　高野さんがいろいろな企業や経営者と会い、小諸への誘致をする中で、こういう企業や人とのコラボはうまくいきやすいと感じることはありますか？

高野　スピード感があり、小諸に貢献したいという気持ちが強い企業や人とは、一緒に仕事をしていてうまくいくケースが多いと感じます。

　山翠舎もそうでしたよ。山翠舎の新聞記事を見つけて電話をかけたとき、その2日後には山上さんが市役所に来てプレゼンテーションをしてくれましたよね。普通は企業にアプローチしても、代表の方が出てくるまである程度の期間がかかるので、このときは驚きました。

山上　いや、それは山翠舎が小さな会社だからです（笑）。

高野　それにしても、やはりクイックレスポンスでしたよ（笑）。

山上　今回のインタビューを行っているコワーキングスペースの合間では、開業資金の

小諸の北国街道沿いにあるコワーキングスペースの「合間」は国の補助金を利用して開業。行政と民間の連携の好例にすべく動いている最中だ

4分の3を国から補助してもらっています。小諸で新たに開業しようと考えている人の中には、補助金の申請を考えている人も多いと思うのですが、その際のコツを教えてください。

髙野　まずは、公共性という部分は押さえなければなりません。その地域の役に立ち、多くの人を巻き込む事業でなければ、補助金を受けることは難しいでしょう。また、その地域が抱える課題を明らかにし、それに関連した事業であると説明することも大切でしょう。

山上　合間が補助金を申請するときも、髙野さんに支援していただきましたね。

髙野　そうでしたね。

コロナ禍以降、リモートワークで仕事をする人が増えました。プログラマーやデザイナー、コンサルタントなどの仕事は、パソコン1台あればどこにいても働くことができる時代です。小諸市でも、そうした職業の方が移住するケースが増えました。

でも、これまで会社に勤めていた人が自宅に閉じこもって仕事をするようになると、オンとオフの切り替えができず煮詰まってしまうことが多いのだそうです。

ですから、山翠舎がコワーキングスペースを開業し、自宅外で仕事ができる環境を用意してくれるのは、移住者を呼び込みたい小諸市にとっても願ったり叶ったりの話だったのです。それで、山翠舎に対して補助金申請のバックアップをしました。

行政がコワーキングスペースのような施設をつくると、失敗する危険性が高いのです。なにしろ行政には、お金を稼ぐ経験が乏しいですから。それで、長年にわたって赤字を垂れ流す施設ができあがってしまうと、みなにとって不幸です。その点、山翠舎のようなビジネスセンスのある民間企業が運営し、それを行政が支えるという形は最高ですね。

小諸をかつてのような商都にする

山上　最後にお聞きします。
高野さんは今後、小諸という地域をどうしていきたいですか？
高野　かつて「商都」と呼ばれた姿を復活させ、多くの人が行き交うようにしたいですね。これまで小諸は、右肩下がりの状況が続いていました。
そうした中、「隣の芝は青く見える」ではないですが、他の町をうらやましく思うこともよくあったのです。でも、無い物ねだりをしても意味はないですよね。自分たちが持っているものを大事にし、それを磨いていくという方向で小諸を良くしていければと今は考えています。

山上　他の町をまねするのではなく、独自路線を進むわけですね。

髙野　そうです。他のどこにも似ていない町をつくれば、「小諸でないと嫌だ」というファンをつくることができると思うのです。

山上　私たちが小諸でビジネスをしているのは、髙野さんのような情熱ある行政マンがいるからです。新たな地域で新事業を始めたいなら、行政のやる気や手腕は要チェックだと痛感しますね。
行政と民間ががっちりとタッグを組んでいるからこそ、小諸では良い循環が生まれているのだと、私は心から感じています。

キーパーソンインタビュー②

地域のネットワークを生かし新たな循環をつくる

㈱東翔
田中正之さん

1959年長野市生まれ。1986年2月に株式会社東翔を設立し、30年以上、地域密着型の飲食店を経営。現在、長野県内でレストラン、ホテル料飲関係、善光寺近隣でベーカリーなど、8店舗の運営を行っている。山翠舎とは先代から25年以上の付き合いになる。

第2章でもお伝えしたように、老舗の看板は地域での商売においてかなりの威力を発揮します。長い年月をかけて培ってきた地域での人間関係を通じ、さまざまな情報が手に入ったり、課題を解決できる力を持つ人を紹介してもらえたりするからです。古民家を始めとする地域ビジネスでは、悩みを持つ人についての情報が決定的な意味を持ちますから、地域ネットワークはとても重要です。

そこで次に紹介するのは、長野県内で地域密着型のレストランを展開している株式会社東翔の代表取締役社長、田中正之さん。東翔は私の父の代からお付き合いのある会社で、長野東急ＲＥＩホテル内のレストラン「ブランシュ」、十割そばとトンカツが人気の「レストラン　和」などを手がけています。

また、２０２１年11月に善光寺の門前でオープンした「cafe winds daimon（以下、カフェウインズダイモン）と、同12月にやはり善光寺の門前でオープンした「信州門前ベーカリー蔵」は、どちらも山翠舎が設計と施工を担当しました。

東翔とのお付き合いが始まったのは25年以上前、１９９０年代後半のことでした。東翔が長野市内で新店の立ち上げを考えていたときに、ある設計会社から紹介されたのが山翠舎だったのです。それまで付き合いのあった建設会社は、東翔が示す予算や納期の枠内でスムーズにいかないことがあったと、田中さんは振り返ります。それに対し、山翠舎は「この立地と客層なら、こんな内装にしてこんなコンセプトの店にしてはどうか？」などと積極的に提案するのがポリシーでした。まさにマーケットイン的なアプローチを当時からしていたわけです。東翔はもともと、設計や施工のプロフェッショナルと一緒に店づくりを進めたいと考えていたため、山翠舎に好感を持ったと言います。

それ以来、多くの店を山翠舎に依頼いただきました。さらに東翔には、第4章で詳しく触れるフードロス解消事業のプロジェクトにも協力してもらっています。

カフェウインズダイモンや信州門前ベーカリー蔵のように、個性的ではあるが、地域に溶け込んだ店づくりを行ったり、フードロス解消事業のように新たな循環をつくり出す試みに取り組んだりするには、地域のさまざまな方との連携が欠かせません。

先代から知るパートナーだからこそ新たなことにチャレンジできる

山上　私が田中さんに初めてお目にかかったのは、まだ学生のころでした。

田中　そうでしたね。当時から山上さんは、興味を持ったことにとことんのめり込み、徹底的に調べ尽くす面があったと思います。ほら、ワサビをおろすのに凝っていろいろなおろし金を調べ尽くし、最後は埼玉の飯能まで足を伸ばして製造工場を見学に行ったことがあったじゃないですか。

山上 確かにそんなことがありました(笑)。

田中 誰がどんな風にモノをつくっているのか、自分の目で確かめていた。ものづくりへのこだわりは、当時からとても強かった印象です。あと、部下や職人さんとの付き合い方については、先代(山翠舎現会長の山上建夫)のやり方と似ているなあと思います。先代は昔気質の経営者という感じで、若い社員や職人さんとの間で何か問題が起きると、一升瓶をドンっと置いて「言いたいことを言ってみろ。なんでも聞くぞ」とひと晩中膝を交えて話すタイプの人でした。

山上さんもよく、そういう話し合いをしていましたよね。特に、先代の後を継いだ直後は大変だったと思います。ベテラン社員や職人から詰め寄られても、誠実に一生懸命話を聞いていたのを思い出します。

山上 山翠舎が手がけた仕事で、思い出に残っているものはありますか?

田中 長野駅の善光寺口からすぐ近くにあるビアレストラン「ウインズ長野店」の改修は、印象的でしたね。

土蔵を改装した「信州門前ベーカリー」は銀行から山翠舎に 活用の相談があり、実現したお店

　サントリーのおいしい生ビールと、長野産の野菜や果物、ジビエ、さらに信州ブランドの信州サーモンなどを使ったメニューが売りであるこの店を、山翠舎はガラリと変えてくれました。床は桜の木でしつらえ、テーブルや椅子、壁紙はアメリカからの輸入品で統一。おかげで店は、シックで居心地のいい空間に生まれ変わったのです。コストは一般的な店より多少はかかりましたが、仕上がりの良さはそれ以上で、結果的には適正価格以上のパフォーマンスが得られたと思います。

山上　古木を使った店も、設計・施工させていただきました。

田中　そうです。カフェウインズダイモンと信州門前ベーカリー蔵は、どちらも山翠舎に内外装をお願いしています。

山上　それぞれのお店の特徴をお話いただいてもいいですか？

田中　信州門前ベーカリー蔵は120年以上前、明治時代に建てられた土蔵を改装した店です。1階には、カフェウインズダイモンのパン工房で焼かれたパンがずらりと並び、中2階にはレジカウンターと冷蔵ショーケースを置いています。そして2階には、力強くて存在感のある柱や梁、昔ながらの空気を感じられる土壁などが楽しめるイートインスペースになっています。

2階の壁にはアート作品が飾られていて、何時間いても飽きません。イチオシの人気商品は信州産小麦を使用した食パンで、軟水を使うことで小麦粉本来の香りや風味を引き出した一品。数量に限りがあるので予約をいただき、購入していただくことも多くあります。

カフェウインズダイモンは、山翠舎が手がけているコワーキングスペース「FEAT. space 大門（以下、フィートスペース大門）」と同じ建物に入っています。店内には何本も

カフェとコワーキングスペースが入る建物は、元は出版社が倉庫として借りていたものがベースとなっている

の古木が使われているのですが、なかでも最も目立つのは、10メートル以上もある梁でしょう。

インスタ映えするので、この梁をバックに写真を撮る来店客は少なくありません。

なお、この店は長野市としては珍しく、朝8時からオープンしています。生ハムや自家製野菜のラペなどがワンプレートで楽しめるモーニングサラダプレートに、おかわりができる自家製パン・バゲット、さらにスープ、1ドリンクがセットになったモーニングは、味も量も満足度が高くて評判です。

山上　2つのお店を開くことになった経緯を覚えていらっしゃいますか？

田中　カフェウインズダイモンがある場所では以前、卸売業を営んでいた会社の倉庫でした。そこが長らく空いていたのです。一方、信州門前ベーカリー蔵が入っている土蔵は電気も水道も通じていない状態で、物置として使われていたそうです。そして、2つの物件を使って店を出しませんかと山上さんに提案された。確かそのようなスタートでしたよね。

山上　そうです。あのときは新規事業である料理人応援システム「オアシス」の長野初の案件だったので、ぜひ田中さんに出店をお願いしたいと思って何度もアプローチさせていただきました。

ただそのたびに断られ、そのときのショックは今でも忘れられないですよ（笑）。

でも、ある日、確か夜中でしたか、突然田中さんから電話がかかってきて「ひらめいた！　パン物販店と飲食店（カフェ）のセットで行ける！　もう一回、話を聞かせてくれ！」と言っていただいたときは、とてもうれしかったのを覚えています。

田中　そうでしたか。

東翔は40年ほど前から長野市内・長野駅周辺15店舗ほどの飲食店を開いてきました。そのほとんどが料理とアルコール飲料を提供する業態だったのですが、コロナ禍の影響などもあって、アルコール以外の店もやってみたいと考えていたのです。

そこで、カフェウインズダイモンで焼きたてのパンをつくってモーニングやランチとして提供し、同時に、信州門前ベーカリー蔵で焼きたてパンを販売するプランを考えました。

古木が演出する「時が止まった空間」

山上　カフェウインズダイモンでは、古木を使わず普通の内外装にしてお店を出すこともできたと思います。また、信州門前ベーカリー蔵が入っている土蔵は電気も水道も通っていなかったわけで、普通のお店より手間がかかったでしょう。それなのに、あえて古木などを使った店にしたのはなぜですか？

田中　やはり、古木に魅力を感じていたからでしょうね。東翔は数年前、ながの東急百貨店内で開業していたイタリアンレストランを拡大リニューアルする計画を立てていましたが、このとき店名を「古木」にする案が出ていたほどです。当然、内外装には古木をたっぷり使うつもりでした。山上さんや先代にも相談し、簡単な図面まで完成していたのですが、コロナ禍に入って計画は立ち消えになったのです。でも、古木を使った店をいつかやりたいという思いは、引き続き持っていましたね。

山上　田中さんにとって、古木の魅力とはなんですか？

カフェウインズダイモンの内装に使われている古木

味のある梁や柱が懐かしさと新しさを感じさせる

田中　まずは、落ち着ける雰囲気を醸し出すところですね。古木が近くにあるだけで、なんとなく穏やかな気持ちになれるのです。そしてもう一つは、再生を感じさせる点。古木は古いだけでなく、新たな息吹が吹き込まれて新たに生まれ変わるというイメージがあり、そこに魅力を感じます。

そう言えば、今の若い人たちは古木を見て「カワイイ」と言うんですよ。金属やプラスチック製のモノに囲まれて育った世代は、古木に対して「古いのに新しい違和感・不思議議感」を覚えているのかもしれません。懐かしいのに新鮮という感じ方が、カワイイという言葉に込められているのでしょう。

山上　古いモノなのに新しいというのは、2つのお店に共通した点ですね。

田中　そうなのです。単に古い木材だけでつくった店だと、民芸調というか、別物になってしまいます。そうではなく、古いものと新しいものをハイブリッドにするという山翠舎の提案が、良かったですね。

山上　古木や土壁に対し、来店客から質問されることはありますか？

田中　ときどきありますよ。信州門前ベーカリー蔵の2階にあるイートインスペースの天井の梁には、土蔵を建てた親方が筆で書いた年号が今も残っています。その文字を見て不思議に思った人に、120年以上前に書かれた親方の字だと説明すると、一様に感心されます。このイートインスペースでは、なんというか、時が止まって感じられるのですよ。そして、小さな窓から外を見ると善光寺周辺の風景が楽しめる。実に贅沢な空間になっているわけです。

山上　カフェウインズダイモンと信州門前ベーカリー蔵の仕上がりについては、満足していますか？

田中　十分満足しています。オープン当時でも完成度は高かったと思いますが、山翠舎ができあがった店を見てさらに改良を施してくれたのです。そういうフォローの手厚さが、信頼につながっています。

山上　今回のプロジェクトは、事業再構築補助金を利用して新店舗をつくりました。オープンしてどのように感じていますか？

田中　今回、料理人応援システム「オアシス」サービスの一つである事業計画書作成支援（94ページ）はとても助かりました。コワーキング施設との併設という加点ポイントを事業再構築補助金の申請書に入れることを提案していただき、申請1回目で採択されたのがとても良かったです。事業再構築補助金を利用している飲食店はたくさんありますが、かなり早いタイミングでオープンできたことが一つの差別化にもなりましたし、銀行の融資を実行させる以上に、資金の3分の2が補助されるようにしていただいたことにとても感謝しています。新規事業になるパン製造販売を軌道にのせて、補助金の成功事例になりたいです。

異なる業態とのコラボレーションが新たなお客さまを呼ぶ

山上　2店舗のこれまでの業績については、どの程度満足していますか?

田中　2022年4月から6月にかけて、善光寺が7年ぶりにご開帳しました。このときはたくさんのお客さまが来て賑わいましたが、コロナ禍ということもあり、それ以外の時期は必ずしも期待通りの水準には達していません。ただ、SNSに投稿するとすぐにたくさん拡散されるのは、内外装の効果が大きいですね。

山上　カフェウインズダイモンの2階にはコワーキングスペースのフィートスペース大

門が入っていますが、相乗効果は出ていますか？

田中　2階でイベントが行われるときは、カフェウインズダイモンのお弁当を利用してもらうことがよくあり、感謝しています。また、カフェウインズダイモンを訪れた人がフィートスペース大門に興味を持つケースも多いようですね。このように、カフェとイベントスペース内に循環ができているのはいいと思います。フィートスペース大門には、流行に敏感でオシャレな若者が集まっています。彼らのような存在がカフェウインズダイモンを見つけ、SNSなどで発信してくれるのはありがたいですね。

山上　東翔では長野駅近くにもいくつか店を出していますが、善光寺近くに店を出したのはどういう狙いだったのでしょうか？

田中　長野市民は善光寺を「善光寺さん」と呼ぶほど、親しみを感じています。そこで、善光寺周辺の地域が秘めるポテンシャルに期待したのです。ただ先にも申し上げたようにまだ期待通りの水準には達していません。その点、山上さんに提案していただいた売上連動賃料は出店する側からしてみると、とてもありがたいと思っていますし、商業施設ではなく、古民家の賃貸でそれをやるのが、また山翠舎らしくてユニークでもありますね。

山上　そうですか。ありがとうございます。料理人の側に立って考えると不安なことは多いと思います。善光寺周辺は夜の集客が難しいですからね。

田中　そう。この辺りは善光寺の本堂内陣の閉館時間が4〜6月までは16時半、3月と11月は16時15分、12月〜翌2月は16時になっていて、それ以降は周囲の人通りが途絶えてしまうので、売上に応じて変動する賃料形態はとてもありがたいです。

山上　田中さんに提案させていただいた「オアシス」は、山翠舎でもこれから力を入れ、大きくしていきたい事業です。管理に困っている古民家とお店を出したい料理人、または田中さんのようなビジネスチャンスを求めている事業家とマッチングを図ることで、潜在的な空き家がなくなり、事業が軌道に乗り、地域が活性化する。そんな「全方よし」の成功事例を長野でもたくさんつくっていきたいと思っています。

田中　私のほうも、新しい業態とのコラボレーションで新たなお客さまと出会えるチャンスをいただいていますし、お店づくりについてもよりよい方法を探し続ける際のよいヒントになっています。

キーパーソンインタビュー③

地方からグローバルな新ビジネスを打ち立てる

㈱SALAI International Japan
乾馨太さん

1982年兵庫県生まれ。24歳のときにオーストラリアへ。University of New South Wales（ニュー・サウス・ウェールズ大学）で研究室補助業務として勤務する傍ら同大学を卒業。帰国後、2017年株式会社SALAI INTERNATIONAL JAPANを設立。代表取締役社長に就任。

次にご登場いただく方は、株式会社SALAI International Japan（以下、サライインターナショナルジャパン）の代表取締役社長と、MYCL Japan株式会社（以下、マイセルジャパン）の代表取締役を兼ねている乾馨太《けいた》さんです。

乾さんは兵庫県出身で、24歳のときにオーストラリアに渡りました。そして、大学研究室の仕事を手伝いながらニュー・サウス・ウェールズ大学を卒業。帰国して長野県内の商社に勤めた後、2017年にサライインターナショナルジャパンを立ち上げました。そして2022年には、国内外のキノコ開発・製造会社3社と合同でマイセルジャパンを創業したという経歴の持ち主です。

サライインターナショナルジャパンが手がけているのは、キノコの海外向けコンサルティング事業です。先進国では、日本の先端技術をキノコ栽培企業に導入して生産性を高めるビジネスを展開しています。また発展途上国に対しては、キノコの栽培技術を提供・指導して、地域の雇用を生み出したり食糧問題の解決に貢献したりしています。一方、マイセルジャパンは衣・食・住のうち「衣・住」にフォーカスを当てた企業で、キノコ類の菌糸体を利用した新素材「マッシュルームレザー」や、菌糸体を使った建築材の製造や加工を主に行っています。

創業当時のサライインターナショナルジャパンは長野市で事業を営んでいましたが、2022年、小諸市に移転しました。新オフィスは、昭和初期に建てられた旅館の蔵を山翠舎が改装した建物です。元々は、戦国時代の武将である大井伊賀守光忠が築いた

「鍋蓋城」の跡地で、外壁には「大井伊賀守居城鍋蓋城址」というプレートが掲げられています。地方にはこのようなストーリー性をもった古民家が少なくありません。グローバルにビジネスを展開している乾さんは、なぜ、長野から小諸に移ったのでしょうか。また、新オフィスに古民家を選んでどうだったかを聞いてみたいと思います。

特産品・キノコの栽培技術を世界に広める

山上　乾さんはオーストラリアの大学で学ばれたそうですが、当時からグローバルなビジネスを手がけたいと思っていたのでしょうか?

乾　はい。特に、日本のいいものや優れた産業を、海外に広げるビジネスを手がけたいと思っていましたね。日本にいるとなかなか気付きませんが、海外から見ると、日本にはユニークなものが本当にたくさんあるのです。それらを生かせば、ビジネスチャンスは大きいと感じました。

一方で、日本企業のグローバル化はまだまだ進んでいないと当時は痛感していたものです。ニュー・サウス・ウェールズ大学時代に留学生仲間だった友人たちはよく、「日本企業はもっと海外進出すべきだ」「日本企業とビジネスがしたい」と言っていました。しかし、日本企業や日本人ビジネスパーソンは異文化交流に積極的ではありません。その課題を解決できれば、日本の産業が世界で勝負できるとよく感じていましたね。

山上　乾さんが「日本の産業を世界に広めたい」と考え始めたのはいつからですか？

乾　今から15年以上前、20代前半くらいの時期からですね。

先ほど申し上げたように、日本にはユニークなものがたくさんあります。それらを生かしたいという思いが根底にありました。

それに、私たちは日本人です。わざわざ海外の商品を扱うより、よく知っている日本発の商品を扱うほうがビジネスとして成立させやすい。だから英語力やビジネススキルなどを磨き、グローバルビジネスの準備をしたのです。

山上　乾さんはオーストラリアで8年間過ごした後、日本に戻られたのですよね。最初はどんなお仕事に就いたのですか？

キノコは小諸の工場で栽培。地域の雇用も生み出している

乾　勤め先はキノコとまったく関係のない、長野県内の企業でした。その会社には「海外事業部」という部署があり、海外から輸入した商品を国内で売る業務を行っていました。ところが上司から突然、日本の製品を海外に売る事業をやれないかと相談されたのです。商材はあるのかと上司に聞いてみると、まったくないので自分で考えてくれという返事（笑）。

山上　ずいぶん無茶ぶりですね（笑）。

乾　それで、会社があった長野市の近隣で商材になるものはないかと調べたところ、キノコと出会ったのです。

長野県はキノコの栽培が盛んで、生産量は全国の約3割を占めると言われています。また、当時は世界中で健康ブームが盛り上がっていて、低カロリーで食物繊維やミネラルが豊富、免疫力アップにも効果があると言われるキノコへの注目度も高まっていました。そこで、これからはキノコが来る、と考え事業化をスタートしたのです。

山上　実際に、キノコのブームは盛り上がっているのですか？

乾　盛り上がっていますよ！

世界では過去20年間にわたり、毎年10〜20％くらいのペースで生産量が増えていると言われています。おかげでサライインターナショナルジャパンやマイセルジャパンの事業も、順調に成長しています。

海外では、マッシュルームのような形のキノコが一般的です。一方、シイタケやエリンギ、エノキダケのような日本人に親しまれているキノコ類は「エキゾチックマッシュルーム」と呼ばれ、以前はそれほど売れていませんでした。しかし、今では日本食の人気が高まっているのも追い風となり、「エキゾチックマッシュルーム」への注目度もかなり高くなっています。

古い蔵は「一生遊べる大人用の玩具」だ

山上　乾さんに初めてお目にかかったのは、2020年頃でしたね。

乾　そうです。長野市にある私の家の庭に、古民家風のオフィスを建てられないかと考えていたのです。それで施工会社を調べるうちに山翠舎の存在を知り、連絡を入れたのが最初のご縁でした。

山上　初対面のときから、乾さんとはノリが合うというか、波長が合った気がします。

乾　私も山上さんも細かいところを気にしない（笑）ので、そこが良かったのかもしれません。

山上　どうして古民家風のオフィスを建てようと考えたのでしょうか？

乾　外国人の友人に聞くと、彼らが日本の中で最も価値を認めているのは、やはり文化や歴史なのですよ。だから彼らが旅行に行くと、伝統的な建築物などを見に行くわけです。私もまったく同じ。海外で長く暮らしているうちに私も、日本の建物って素晴らしいなあと思うようになったのです。

ただ、古民家風オフィスを新築するのは予算的に大変だったので、オフィスに使えそうな古民家を紹介してほしいと山翠舎にお願いしました。

山上　私たちからいくつかの古民家を提案させてもらった中で、小諸の「大井伊賀守居城鍋蓋城址」にある蔵をご紹介したときはすぐに決断されましたね。

乾　物件を見た瞬間、山上さんに「明日買います」って言いましたからね（笑）。

ある程度の広さがあり駅からも近く、建物は単なる「古民家」を超えた歴史的建物でものすごく立派。それなのに、値段はさほど高くありませんでした。また、従業員にも小諸在住者が多かったこともあり、これ以上条件の良い物件はないだろうと、見た瞬間に確信しました。

山上　このときは山翠舎だけでなく、小諸市役所の方からも「この物件はいいですよ」と推薦をされたのですよね。

乾　そうでした。自治体からも紹介いただいたので、安心して契約できました。

山上　蔵は賃貸ではなく買ったわけですが、コストパフォーマンスについてはどう感じていますか？

乾　めちゃくちゃ安いと思っていますよ。

海外では、建ってから20年経とうが30年経とうが、建物の価値がゼロになることはありません。それどころか、伝統ある建物をちゃんと修繕して、価値を長く保とうとするのが当たり前なのです。これに対し、日本で一戸建てを買うと買った瞬間から建物の価値が下がり、20年くらい経つと無価値になってしまいますよね。これは不思議な現象だと思います。私は歴史ある建物に、もっと価値を認めるべきだと思いますね。

山上　一方、乾さんは古民家や歴史ある建物に、弱点はあると思いますか？

乾　弱点ですか……。強いて言えば、断熱性が弱い点と、修繕費が一般の建物より高いところでしょうかね。ただ、工夫次第でクリアできますし、建物の美しさとか歴史を存分に感じられる点など、弱点を大きく上回る利点があると思うのですよ。

僕からすれば、今のオフィスは「一生遊べる大人用の玩具」という感じです。古い建物に新しい価値を加えてより良くしていくのが本当に楽しいのです。

国内外の見学者から評価される蔵のオフィス

山上　新オフィスに対する周りの反応はいかがですか？

乾　ものすごくいいですよ。特に外国人のお客さまからは大評判です。

当社は仕事柄、インドネシアやシンガポール、アメリカなどからたくさんのお客さまをお迎えするのですが、みなが口をそろえて「素晴らしいオフィスだ！」と褒めてくれます。

そういえば山上さんはよく、国内の見学希望者を私たちのオフィスに連れてこられますよね。

山上　サライインターナショナルジャパンのオフィスはステキですからね。古民家を仕事場にしたいという企業を連れてくると、みなさんに喜ばれます。それに、乾さんがオープンな方で、「いつでも見学してください」と仰ってくださるので、それに甘えさせてもらっています。

乾　山上さんがいろいろなつてを通じ、小諸に企業や移住希望者を連れてくる行動力はすごいと思います。私たちも長野から小諸にオフィスを移転しまし

個性的なオフィスが商談にプラスの効果をもたらしてくれることも！

たが、小諸でビジネスをやろうとする人はさらに増えるかもしれませんね。私も近い将来、マイセルジャパンの製造工場を小諸に建てる計画を立てています。

山上　なるほど。実現すれば、かなりの雇用が小諸に生まれることになりますね。それは楽しみです。ところで、乾さんは小諸以外でオフィスを構えることができたわけですよね。それなのに、あえて小諸を選んだのはなぜですか？

乾　環境がいいからですね。私は子どもの頃、兵庫県揖保郡《いぼぐん》という田舎で生まれ育ちました。祖父母の実家は高知県や奈良県の自然が多い地域でしたし、オーストラリアで住んでいたのも都会ではありませんでした。そういう私にとっては、小諸にオフィスを構えるのは当たり前のことでした。

今は情報インフラが発達していますから、インターネットに接続すれば日本のどこにいたって仕事はできます。それに小諸なら、軽井沢か佐久平まで出れば新幹線であっという間に東京です。家賃などが高くてごみごみしている都会より、自然の中で過ごせる小諸のほうが、ずっと心地良いのです。

山上　地方に移住をした人の中には、挫折して元の場所に戻る人もいますが、乾さんにはそういう可能性はないのでしょうか？

乾　ないと思いますね。もちろん、田舎暮らしより都会暮らしのほうが性に合う人もいるでしょうし、すべての人に小諸の暮らしを勧めるつもりはありません。友達の中には、「小諸はいい場所だけど、俺は東京にしか住めないなあ」と言う人もいます。そこは人それぞれ、価値観が違っていいと思うのです。ただ、特にコロナ禍になって以降は、日本でもリモート環境の整備が加速しました。田舎暮らしのハードルは以前より格段に低くなったと、仕事をしていてつくづく感じます。

捨てるものを活用しようとする姿勢は共通

山上　乾さんは今後、ビジネスを通じて何を実現していきたいのですか？

乾　サライインターナショナルジャパンで掲げている目標は、日本のキノコの栽培技術を世界のスタンダードにしていくことです。マイセルジャパンでは「マッシュルームレザー」などを普及させ、環境に優しい世の中の実現に少しでも貢献したいと思っています。今はキノコ産業が世界中で花開くチャンスなので、アジアなど海外でビジネスを拡大したいですね。

山上　マッシュルームレザーはどのようなものなのでしょうか？

乾　マッシュルームレザーはキノコの菌糸体に特殊な加工を施してつくられる人工レザーで、一見すると革のようにしか見えませんし、手触りやしなやかさもまるで革製品のようです。また、色の濃さや模様などに個体差があるため、唯一無二の個性を楽しめるのも魅力と言えます。

マッシュルームレザーは、環境に優しい素材です。皮や食肉を得るために育てられる家畜は、生きる際に大量の温室効果ガスを発生します。また、皮をなめす作業には大量の水が必要で、水質汚染の原因にもなりやすいのです。これに対し、マッシュルームレザーは温室効果ガスを出すこともありませんし、なめしに使われる水の量も少なくて済みます。

山上　動物性の皮に比べ、サステナブルな素材なのですね。

乾　その通りです。ここ数年、地球に優しい素材として、リンゴやサボテンなどの植物を原料にしたレザーが注目されていますが、これらの植物系レザーは強度が十分では

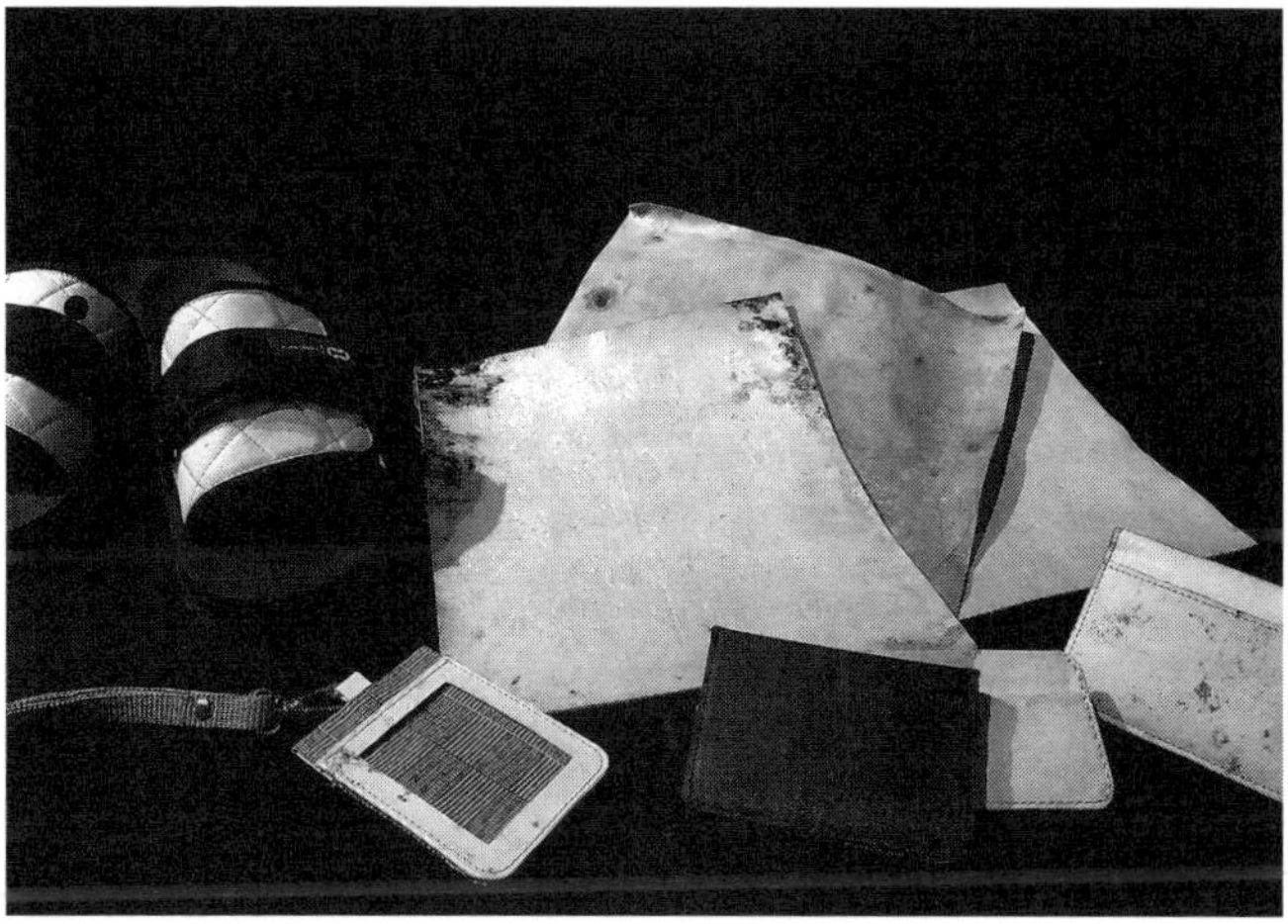

キノコができる前の菌糸からレザーや樹脂などをつくれる先端技術を有する

なく、最終的にプラスチックの樹脂を塗って強度を上げなければなりません。これに対し、菌糸の結びつきはとても強固なので、樹脂を塗らなくても丈夫なのです。ですから、コスト面でかなり有利です。

山上　キノコは食べるだけでなく、衣服などの素材としても有望なのですね。今後もサライインターナショナルジャパン、マイセルジャパンはますます発展しそうですが、その中で乾さんが山翠舎に期待することはありますか？

乾　マイセルジャパンでは、菌糸を使った壁材や板材も開発しています。これらは、山翠舎の施工でも使っていただけるのではないでしょうか。また、山翠舎が管理している古木でシイタケの原木栽培をしたら、思わぬニーズがあるかもしれません。アイデア次第で、いろいろなコラボレーションが考えられると思います。

山上　今の小諸に対し、どう感じていますか？

乾　今の小諸は、街全体が変革期にさしかかっていて楽しいですね。

山上　確かに、現在の小諸は大変革期なのかもしれませんね。

今の日本では人口減少が深刻な課題になっていますが、小諸市ではそのずっと前から人口減少が始まっていました。だから、いろいろな人が危機感を覚えて改革に乗り出しているのです。ここでさまざまに町おこしが進んで、さまざまなノウハウを蓄積すると、小諸と同様な課題に悩む地域でも役立てられるはずです。

乾　確かにそうですね。中途半端に衰退している地域では、なかなか危機感も出てきません。小諸のように、強い危機感に突き動かされて大きく変わりつつある地域の成功事例は、他の地域にも展開できるでしょう。

山上　それにしても、マッシュルームレザーは古木や古民家のビジネスと共通点があるように感じましたね。環境に優しいし、レザーにはそれぞれ唯一無二の個性がある点も古木や古民家に似ています。

乾　他にも共通点はありますよ。今のキノコは原木ではなく、おがくずを固めてつくった「菌床」で育てられていることがほとんどなのですが、使い終わった菌床はたいがいゴミになってしまいます。ところが私たちは、この廃菌床を使ってマッシュルームレザーをつくっているのです。廃棄物をできるだけ出さない取り組みは、山上さんが手がけていることと、とても似ていると感じますね。

山上　確かにそうです！　捨てられるものをできるだけ活用しようとする姿勢は、山翠舎と同じですね。世界的視野で地方の魅力がわかる会社が小諸から世界に向けてビジネスを仕掛けている点も、とても興味深いお話でした。今後、乾さんのような起業家が日本にもっと増えるといいですね。また、そうした起業家のうち何人かが長野や小諸で事業を興してくれれば、この地域も大いに盛り上がるでしょうし、ぜひ、そうなってほしいです。

私たちも、そうした人々を手助けしたいと思っています。

キーパーソンインタビュー④

地方の持つ個性がブランド力となりビジネスをつくる

㈱フォンス
小山正さん

長野県小諸市生まれ。アイスホッケーを目的に、カナダの「レイクフィールド・カレッジ・スクール」に留学後、慶應義塾大学を卒業。2000年に軽井沢町で「株式会社フォンス」を設立する。2021年には創業350年の酢久商店・信州味噌グループオーナーの小山邦武氏（元飯山市長）より後継指名を受け事業を承継。グループ会社の代表取締役に就任。

4番目にお話を聞いたのは、株式会社フォンスの代表取締役社長を務める小山正さんです。小山さんは、蕎麦や味噌、醤油といった長野県の特産品をブランディングし、日本全国や世界に発信している経営者です。

軽井沢では、最初にオープンさせた蕎麦店「軽井沢 川上庵 本店」を皮切りに、生活の中にあるアートをコンセプトにした「酢重《すじゅう》ギャラリー」や「酢重ギャラリー　ダークアイズ」、自家製酵母を用い長時間醗酵させ、国内外の粉のうまみを引き出したパンが楽しめる「ベーカリー&レストラン 沢村 軽井沢ハルニレテラス」や「ベーカリー&レストラン 沢村 旧軽井沢」など、たくさんのブランドを展開しています。一方、同ブランドの店を虎ノ門ヒルズや新丸の内ビルなど都心部でも展開していて、地方と都会との間で人の循環をつくる取り組みも進めていらっしゃいます。

さらに小山さんは2021年から、旧北国街道沿いに本社を置く信州味噌株式会社の代表取締役社長にも就任しました。信州味噌は1674年（延宝2年）創業の老舗味噌メーカーで、「山吹味噌」のブランド名で広く知られています。

戦後、多くの味噌メーカーは製造効率を高めるため、短期間で熟成を進める「速醸《そくじょう》」の技術を磨いたそうです。

これに対し、信州味噌では逆の道を進みました。大豆・麹・塩と浅間山から流れるミネラルたっぷりの水、そして醸造を行う蔵に住み着く「蔵つき酵母」以外の余計な添加物を使わず長期間熟成して、他の店とは一線を画した味わいの製品をつくっています。

同時に、昔ながらのやり方の素晴らしさや、長期熟成で味噌をつくる意義などをきちんとアピールして、消費者の心をつかんでいるのです。

日本の伝統の素晴らしさを国内外に発信しつつ、ビジネス上では新たな挑戦を続けている小山さんは、実は若い頃から古木に関心を持っていたそうです。古木ビジネスに取り組み、経営者として日本の古い文化の価値を再発信しようとしている私としては、以前から小山さんに対し、強い親近感を抱いていました。

自社のブランドを確立して特定の地域に展開したり、地方で生み出したブランドを都会でも展開して来店客の循環を生んだりするやり方は、山翠舎でも学ぶべき点が多いとも感じています。

そこでこのインタビューでは、地方でのブランディングと、それによって生み出される循環を中心に話を伺いました。

伝統に宿っているものを現代の店づくりに生かす

山上　私たちが出会ったのは、10年くらい前のことでしたね。

小山　そうですね。

その前から、雑誌などを通じて山翠舎の名前は知っていました。古材を扱っている企業で、東京などでいくつかの店舗を改装していること。そして、店のコンセプトに応じ、方向性をしっかり打ち出して店づくりができる企業だという認識でしたね。

私たちフォンスも山翠舎と同じで、長野県で生まれ育った企業です。また、古いものや昔から引き継がれている伝統に宿っているものを、店づくりにどう生かすか、現代にどう再提案するかという点を普段から意識していて、その点でも山翠舎と共通していました。だから山上さんに会う前から、こちらのアンテナには引っかかっていたのです。

山上　その頃、小山さんは古木に対して、どんなイメージを持っていましたか？

小山　学生時代に読んだ雑誌に、「古材バンクの会（現・古材文化の会）」というNPOの記事が掲載されていたことがあります。そこは古民家の解体時に出た廃材を再利用する活動をしていて、興味を持った私はその団体に連絡もしました。それくらい、古木には関心があったのです。

古木を有効活用し、また、古木が持つ独特の雰囲気を生かした店づくりをする山翠舎には、そういう事情で興味がありました。

山上　小山さんはもともと、木に関心があったのですね。

小山　私の母方の祖父は、軽井沢で材木屋をやっていました。ですから、子どもの頃から木とは親しんでいたのですよ。

山上　その後、私たちから小山さんにお声掛けをさせていただきました。私の父がお世話になっている方から、小山さんをご紹介いただいたのですよね。

小山　フォンスで展開しているお店は比較的シンプルなデザインにすることが多く、山翠舎が普段から手がけているお店とは多少テイストが違いました。

また、古木を使ってお店をつくると、普通よりコストが高くなるケースも少なくありません。それで、こちらからアプローチはしなかったのです。最初にお目にかかっ

「軽井沢 川上庵」。「川上庵」はフォンスの第1号ブランドで、麻布や青山にもある

たときは、山翠舎が東京の下北沢や荻窪で手がけたお店の事例を見せてもらいました。10坪前後の小規模なお店を上手にまとめているな、という印象を持ちましたね。

当時は荻窪に行く機会もあったので、実際の店舗を訪れ、かわいくていいお店をつくるのだなと確認したこともありました。しかし、すぐに仕事をお願いするということにはなりませんでした。

山上　状況が変わったのは、3年ほど前のことでしたね。

小山　そうですね。私は、親族が経営者を務めていた信州味噌株式会社を継ぐことが決まり、小諸に出入りするようになりました。それで、小諸でも何かできないかと取り組みを開始したのです。そんな時、山翠舎が持ち前の営業力で食い込んできたと（笑）。

山上 それは事実と違います（笑）。

私たちは小諸市役所の髙野さんから、「小山さんが小諸でビジネスを考えているようなので、手伝ってくれないか」と相談を受け、それで小山さんにアプローチしただけなのですよ。

小山 なるほど分かりました（笑）。ともかく、私にとって小諸は、子どもの頃からなじみのある地域でした。父の実家があるので、子どもの頃は週に一度くらいのペースで訪れていたのです。

当時の小諸は活気のある町でしたが、徐々に寂れていくのを肌で感じていました。小諸のために何かできたらいいなあ、と漠然と考えていたところに、信州味噌の経営をする話が持ち上がって、やり方次第で面白いことができるのではないかと本気で考えるようになったのです。

山上 そこで私たちから、沼田商店の案件を提案したのですよね。

軽井沢と小諸をつなぐギャラリー「沼田商店」

小山　私たちは軽井沢で、2つのギャラリーを開設しています。

　また、全国各地で展開している店舗でも、アート作品や調度品を展示しています。以前から、これらのギャラリーの展示作品を保管する広めの倉庫を求めていたのですが、家賃の高い軽井沢で物件を探すのは非効率的でした。また、ただの倉庫ではつまらないので、ギャラリー兼倉庫として使える場所がほしかったのです。

　そうしたとき、軽井沢から車で30分の距離にある小諸で、良い物件がいくつかあると山翠舎から提案を受けました。その中で、サイズ感が最も良さそうな沼田商店を選んだのです。沼田商店は2階建てなので、1階をギャラリー、2階を倉庫に使うことにしました。

山上　小山さんとしては、軽井沢にあるギャラリーの常連客を、小諸に誘おうとする意図があったのでしょうか？

小山　そうです。軽井沢の市街は、碓氷軽井沢ＩＣの出口から車で30分ほどかかります。一方、碓氷軽井沢ＩＣから小諸ＩＣもだいたい30分の距離で、軽井沢を訪れる人にとって小諸は立ち寄りやすい場所なのです。特に冬場は、碓氷軽井沢ＩＣを使わず小諸ＩＣで高速を降りて軽井沢に入る人も多い。小諸にギャラリー兼倉庫をつくれば、軽井沢との関係性が生まれて面白いと考えました。それに、小諸には軽井沢にはない楽しさがあります。古民家が醸し出す和の雰囲気のギャラリーを小諸につくれば、軽井沢の別荘に住む人や観光客にも楽しんでもらえるとも思いましたね。

山上　ギャラリーのコンセプトは、最初から固まっていましたか？

小山　はい。沼田商店の建物が持っている雰囲気を、最大限に生かそうと考えていました。常設展に加えて年に数回個展を開き、目の肥えた軽井沢のお客さまにアピールする狙いでした。

山上　アート作品を展示する場と聞くと、コンクリート造りのギャラリーや美術館をイメージする人が多いと思います。沼田商店のような古民家をギャラリーに使うと、違和感は出ないのでしょうか？

小山　私たちは、フォンスが扱っているアート作品を「日常美術品」と位置付けていま

むき出しの梁が印象的な1階のギャラリー。写真上は施工前、写真下はと施工後

す。普段の暮らしの中で、見たり触ったり使ったりするものであり、住宅や民家のような場所に陳列するほうが相応しいと考えています。ですから、沼田商店のような場でカジュアルに展示するほうが、むしろ向いているのです。

地域の歴史と街並みは唯一無二のブランドになる

山上　小山さんが考える小諸の魅力とはなんでしょうか？

小山　歴史と街並みですね。隣の佐久市は新幹線の駅ができたことで大きく変わりました。それに対し、小諸は発展できなかったため、古い街並みが変わらずに残りました。結果的には、古い街並みという財産が得られたわけです。それを生かせば、面白いことができそうですよね。

山上　小山さんは今後、小諸に対してどんな貢献をしたいですか？

小山　小諸が持っている良いものを活用させてもらい、事業化することでさらに価値を高めていくという意識ですね。その結果、地域社会やそこに暮らす人たちの役に立てば、それでいいのではないかと思っています。

山上　小諸のマーケットは、フォンスにとってどの程度魅力がありますか？

小山　小諸市の人口は4万人あまりで、これだけだとマーケットとしては物足りません。ただ、小諸は軽井沢や佐久、上田などの中間地点にあり、これらの地域から人を呼び寄せることもできます。さらに、東京からやってくる観光客も、私たちの事業のターゲットになり得るでしょう。小諸の魅力にひかれて集まるお客さまも含めると、潜在的なマーケットはかなり大きいのではないでしょうか。

山上　軽井沢には、アートに対して目の肥えた人がたくさんいるイメージがありますが、佐久や上田、そして小諸ではいかがですか？

小山　最近はこれらの地域でも、作家がつくった個性的なアートに興味を持つ人は増えていると感じます。特に若い世代に、アート好きが増えている印象です。沼田商店にも、佐久や上田、さらに長野や松本から定期的にいらっしゃるお客さまもいるほどです。

最近は、松本の民芸品店も結構な人気を集めているそうです。ああいうものに関心を持つ人に刺さる提案ができたら面白いですよね。軽井沢は良くも悪くも東京の香りが強くなっていますから、小諸ではこの土地ならではの魅力を打ち出せば、多くのお客さまに訴求できると思っていますね。

山上　『田舎暮らしの本』（宝島社）が毎年発表している「移住したい都道府県ランキング」によると、２００６年の調査開始以来、長野県は17年連続で1位だそうです（２０２３年1月時点）。若い世代を中心にリモートワークをする人が増え、長野県がたくさんの移住者を呼び込むようになれば、フォンスのギャラリーにも若い世代のお客さま

旧北国街道沿いには古い街並みが変わらず残されている

が増えるでしょうね。

小山　そう期待しています。既に40代以下のお客さまが、この3～4年でグッと増えた実感がありますね。

10ブランド新店を出せば地域の集客力は飛躍的に上がる

小山　フォンスでは、地方で立ち上げたブランドを都心でも展開するのが基本方針です。そして、都心の店舗でブランドを体験したお客さまが、地方の「本拠地」を見に行く流れをつくっています。

山上　地方でブランドをつくる理由を教えてください。

小山　東京でお店をつくるより地方でつくるほうが、ストーリーを生みやすいからです。東京にも、江戸前寿司や江戸東京野菜のように伝統のある食べ物・食材がありますし、歴史の積み重ねも豊富です。ただ、東京にはいろいろなものがあり過ぎて、伝統も歴史も埋もれがちです。だから、古いものを大切にし、その価値を再発信しようとしても、お客さまにはなかなか届きません。これに対し、地方はストーリーが見えやすいです。

山上　確かに。例えば彩本堂（18ページ参照）なら、「日本人形店などで120年以上使われてきた古民家をできる限り生かし、そこにモダンな要素を加え、サイフォンで丁寧に淹れる日本茶とコーヒーが楽しめる」といった特色があるので、お客さまに訴求しやすいですよね。

小山　地方には、その土地ならではの食材がありますしね。フォンスの場合は、蕎麦や味噌、醤油といった長野伝統の食材を生かし、ブランドのストーリー性を高めています。

山上　小山さんが手がけ、自家製ソーセージやハムで人気の「デリカテッセン ヤマブキ」も、まずは小諸で出店し、2号店を東京の恵比寿ガーデンプレイスで開業しましたね。

小山　私が経営を引き継いだ信州味噌は、それまで味噌だけをつくるメーカーでした。しかし、今後はさまざまな食品を手がけようと考えていて、その一環としてソーセー

デリカテッセン ヤマブキのある小諸はソーセージの本場ドイツに似た気候を持つとも言われている

ジやハムをつくることにしたのです。もともと、つくっている味噌のクオリティは高くて地元中心に評価されていたため、それをさらにリブランディングしながら新事業を進めました。

山上　デリカテッセン ヤマブキなど個性豊かなお店が増えたことで、旧北国街道も魅力的な通りになってきましたね。

小山　そうですね。私たちはデリカテッセン ヤマブキや沼田商店の他にも、旧北国街道沿いにいくつかの店を開こうと考えています。

　私たちが軽井沢で事業を展開し始めたとき、軽井沢だけでいいブランドを

10くらいつくれば、地域全体の魅力が高まってお客さまが集まると考えていました。２０１５年にできた「ベーカリー&レストラン沢村」と「GREEN FOG」を含め、現在では6ブランドを展開中ですが、やはりブランドが増えるほど地域全体の集客力も高まっていますね。小諸も同じだと思いますので、やはり10ブランドくらいまで増やしたいです。

山上　いつ頃までに目標を達成したいですか？

小山　２０２３年には信州味噌ラーメンの店を開店予定です。その後も、5年くらいの間に5ブランドまで増やす方針です。

循環に巻き込まれる人数を増やすことも大事

山上　旧北国街道沿いに新店舗を出す中で、山翠舎が協力できる可能性はありますか？

小山　もちろんあると思います。山翠舎は、地域の良い物件情報を豊富に持っている会社。ですから、当社のプロジェクトに条件の合う物件を見つけたら、ぜひ声をかけてもらいたいですね。

飲食店を運営する上で最もハードルが高いのは、オペレーションをきちんとやることです。質の低い飲食店を増やしても利益は出ませんし、地域にとってもマイナスです。ですから、今は物販をからめた「手のかからないお店」を増やしていこうかと考えています。

山上　特にコロナ禍の影響が残っている現段階では、飲食だけで利益を確保するのは難しいですよね。

小山　そうした背景もあり、例えばデリカテッセン　ヤマブキでは、食べ物の物販とイートインを組み合わせた業態にしています。

山上　私は長野や小諸でビジネスを展開していく中で、地域を盛り上げるには、できるだけ大きな循環をつくることが大事だと感じるようになりました。そのためには、たくさんの人を巻き込んでいく必要があると思うのですが、小山さんも人を巻き込む力が非常に強い方ですよね。何か普段から心がけていることはありますか？

小山　人の話はなんでも聞くことでしょうか。そのあたりは、山上さんもきっと同じですよね？

山上　はい。人から相談されたらちゃんと聞き、できるだけ期待に応えようとはしています。

小山　その話の流れで一つ相談事ですが、住宅販売に力を入れてもらえるとありがたいですね。地域が活性化するためには、お店だけでなく、住人も増やさなくてはなりません。そこで、山翠舎が古民家を改修し、一般的な住宅でもシェアハウスでもいいので提供するといいのではないでしょうか。沼田商店のスタッフなどにも、小諸市内で住居を探している人が何人かいます。

山上　わかりました。頑張ります（笑）！

私自身も、「地域に循環をつくるのがうまい」と自認していましたが、小山さんもそうした力が高い人だと感じました。また、地域が抱えている資産やマーケットの状況などに合わせ、戦略的に行動していく姿勢は、私もぜひ見習いたいです。

第4章
古民家でつなぐ地方と世界とこれからの社会

自社より地域、地域より社会全体の利益を

この本の最後に、これから山翠舎が取り組んでいこうとしていることや、古民家の未来に関する取り組みについてお話しします。本章を読んで、みなさんが地域循環型社会のこれからの在り方を考えていただけると嬉しいです。

その前提として、私の考える「未来のビジネスに必要な心構え」についてまずはお話させてください。

私が好きな映画は、「ゴッドファーザー　PARTⅡ」です。なぜならこの映画にはどのような組織を継承していくべきかといったことについて、一つのヒントがあると思うからです。この映画の中に、ロバート・デ・ニーロ演じる青年期の主人公が、果物を売る露店でオレンジを買うシーンがあります。紙袋に包まれたオレンジを受け取り、主人公がお金を払おうとすると、店主は「いつもお世話になっているから」と言って受け取りを拒みます。

私はこの場面が好きで、何度も見直してしまいます。

マフィアは普通、恐喝や麻薬犯罪などによって収入を得ます。しかしデ・ニーロが演じる主人公は、善良な一般人を苦しめたりはしませんでした。むしろ、警察などに頼れず苦しんでいる人々を助けることで感謝され、その見返りとして収入を得ていたのです。返礼など考えず、まずは相手に惜しみなく与えること。先ほど紹介した名シーンでは、その大切さが上手に表現されていると思います。

私は、人の役に立つことで感謝され、それによって収入を得られるようになれればといつも願っています。

最初のうちはお金目的ではなく、ただ人の悩みを解決していて、その結果、ビジネスにつながったということも少なくありません。

例えば、142ページで紹介したフィートスペース大門の物件は、前に倉庫として借りていた出版社の家賃滞納について、銀行の支店長から「どうにかならないか」と相談を持ちかけられたものでした。また、信州門前ベーカリーの蔵は、その滞納問題を解決したことで、同じ支店長から紹介してもらえた物件です。こうした一つひとつの問題に向き合い、解決してきたことで、今の山翠舎があると私は考えています。

美しい街並みを通り過ぎるだけでは分かりませんが、地方にはさまざまな問題を抱えている物件が少なくありません。特に古民家の場合は、築年数が長くいろいろな人が関わってきただけに、利害関係が複雑なことが多いのです。これまで山翠舎が手がけてきた物件の中にも、一筋縄ではいかなかったケースが数多くありました。

誰かが抱えている問題を解決し、他者の役に立つことが、ビジネスの原点です。父はそれを繰り返してきたことで、地域での信頼を築き上げてきました。取引先の人から「お父さんには世話になった」という言葉を聞くたびに、そのことをひしひしと感じますし、また新規事業を進める上でも助けになっています。

ある人が、「ギブ・アンド・テイクなんて期待するな。ギブをひたすら繰り返して、初めてテイクできるのだ」と仰っていました。

私も、その通りだと思います。父の代に与えたギブが今、私の代になって戻ってきている。そう考えるとまずは自分の利益など横に置き、人のために尽くすことが大事なのではないかと思います。

私は山上家の長男として生まれました。本家であったのでお盆や正月などの行事も（なかば強制的に）大切にしてきました。その中で思うのは今あるファミリーとは歴史の中の一過程でしかないということです。これまで連綿と受け継がれてきた行事はこれからも受け継がれていくべきもの。それは年中行事に限ったことではなく、日頃の行いもそうだと思うのです。

祖父の代に良いことをすると、いつかそれは、次の代、そのまた次の代で戻ってくる。実際にそのようなことを日々感じながら生きています。捨てられていくものを何とかしたいと思うのは、そうしたことが私の根底にあるからなのかもしれません。

ここまでお伝えしてきたように、山翠舎では古民家を再生したり、古民家の持ち主と活用したい企業や人をマッチングしたりすることで、地域に良い循環を生みたいと思っています。そのためには、多くの人が循環に加わり、互いに利益をもたらし合うことで、サイクルを回転させていくことが求められます。それで私たちは、常に「全方よし」（75ページ参照）の精神で前に進んでいるわけです。

もし、「自分の会社を大きくしたい」とばかり考えている人がいたら、あなたはどう思うでしょうか？　多分、勝手に頑張ればいいと距離を置くでしょう。

「善光寺の周辺を盛り上げたい」「小諸市を活性化したい」ならどうでしょうか？

あなたがこれらの地域にゆかりがある人なら協力するかもしれませんが、それ以外の地域の人なら、やはり距離を置くと思います。

では、「日本中の古民家を再生したり海外に売り込んだりして、日本経済を盛り上げたい」ではいかがでしょうか？

おそらく、より多くの人を巻き込めるはずです。

自分だけ儲けたい、成功したいという考え方をしていると、協力者は得られません。まずは利他の精神、つまり「全方よし」の態度で臨むことが必要なのです。

捨てられるものを磨き、価値を与え、市場をつくる

山翠舎では「全方よし」を実現するため、いくつかの構想を立てています。例えば、第2章でも紹介した、古民家のトレーサビリティシステムはその一つです。

山翠舎が管理している古木には、建てられた年代・場所・サイズ・木材の種類などの

情報が残されています。

いずれはこうしたデータを全国共通のフォーマットとし、データベース上に保存できるしくみをつくりたいのです。

そうすれば、「築○年以上の古民家から得られた古木がほしい」「黒っぽくて長さが○メートル以上ある、カラマツの古木がほしい」「著名人が住んでいた家で使われていた古木がほしい」などの要望に、簡単に応えられるようになります。

こうしたデータベースをつくることで、2つのことが実現します。

まずは、古民家に使われている古木の価値が守られることです。例えば骨董品の世界では、少なくない偽物が横行しています。なぜならほとんどの骨董品には、それが本物かどうか証明する鑑定書のようなものがないからです。真偽を見分ける力がさほど高くない人は、偽物をつかまされても気がつきません。

現在の古木は、骨董品と似通った状況に置かれています。年代などのデータの真偽は古木を管理する企業の良心に委ねられているため、悪質な業者が「これは由緒正しい古木です」と言い張れば、通ってしまう危険性があるのです。

しかし、すべての古木が登録されたデータベースが完成すれば、悪質な業者も偽物の古木も淘汰されるでしょう。そうなれば、本物の古木の価値をしっかりと守ることができるはずです。

古木のデータベースが完成すると、それに伴って、古木の取引市場が確立されると私は見ています。

「ヤフオク！」や「メルカリ」が登場するまでの中古品売買市場は、各地でバラバラに存在していました。

例えば、北海道ではあるモノが1000円で取引されているのに、沖縄ではまったく同じものが1万円で取引されるようなことが普通に起きていたのです。しかし、オークションサービスが普及して多くの人が利用するようになると、状況は一変しました。商品には全国共通の相場ができ、売り手側と買い手側はその価格に基づいて取引を行うようになったのです。

その結果、市場の透明度は格段に上がり、利用者は安心し、納得して取引ができるようになりました。同じことが、古木マーケットでも実現すると私は考えています。

古木のマーケットプレイスができれば、古木の取引にも一種の相場観が生まれるでしょう。そうすると、単にB to Cで古木を売り買いするだけでなく、C to Cなどその他の取引形態が生まれるかもしれません。

もし、数年後に処分することが見込まれている価値の高い古民家があったら、貯金ではなく貯古木として所有しておく。または、そこから得られる見込みの古木に対してあらかじめ所有権を決めておき、それを株式のように売買することができるかもしれません。

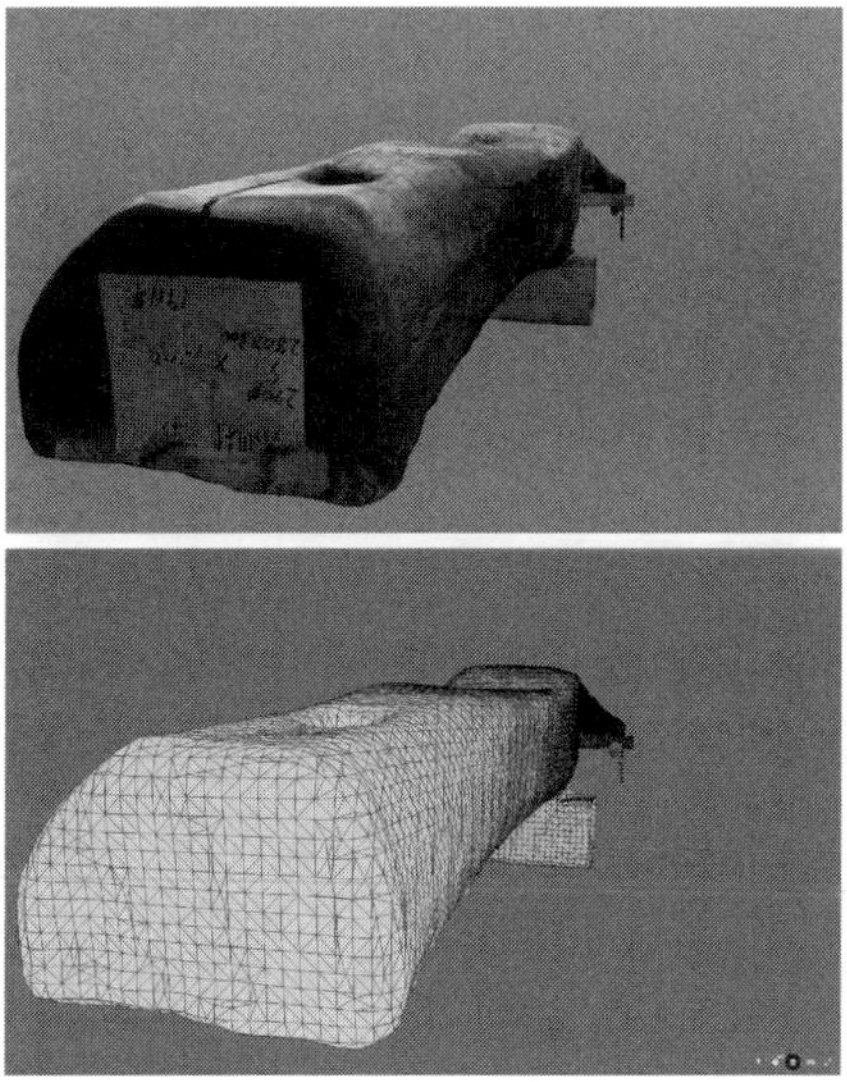

古木をデジタル管理し、3次元データとして世界へも流通を試みている（1911年建前の長野県小川村の古木）

データベースの作成と維持には、それなりのコストと手間がかかります。しかし、古木ビジネスを日本中に広げ、古木の価値を高めるためには、ぜひとも取り組みたいチャレンジなのです。

プラットフォームを提供することで古民家・古木を活用しやすい環境へ

地方の建設会社が古木を使った施工を活発に行うようになったり、「オアシス」の枠組みを使って古民家が飲食店になったりすれば、地方で宙ぶらりんな状態になっている古民家がもっと活用されるでしょう。すると、地域活性化にも役立ちますし、環境面でもプラスです。

ただし地方の建設会社にとって、古木の管理は面倒な作業です。古民家を解体して丁寧に古木を取り出し、広い倉庫を用意して傷まないように保管しなければならないからです。

また、設計に合わせて古木を加工する際には、高度な技術を持つ職人によって加工を施さなければなりません。これには当然、かなりの手間と費用がかかります。

そこで私たちは、古木の調達や管理、施工状況に応じた加工、発送業務などを山翠舎が負担し、各地の建設会社に設計や施工に集中してもらえるしくみをつくれないかと模索中です。例えるなら、アマゾンのようなやり方です。

もしネット通販業者が、ＥＣサイトの構築や維持、商品の管理、発送業務までをすべて自前でやらなければならなかったらどうなるでしょう。

おそらく、莫大なコストや人手がかかり、とてもビジネスを続けられないでしょう。ところが、これらの業務をアマゾンに外注することで、ネット通販業者は面倒な手間から解放されているわけです。山翠舎もさまざまな建設会社にプラットフォームを提供することで、古民家・古木の施工に加わりやすい環境を整えたいのです。

山翠舎は年に２００件以上、古民家に関する問い合わせを受けています。このうち、私たちで設計や施工を担当できるのは、ごく一部に過ぎません。今後、古民家の再生や移築、古民家を使った店の開業を希望する人はさらに増えるはずで、とても山翠舎だけでは対応できないのです。

そこで私たちは、日本全国の建設会社と協力し合いたいと考えています。

古民家の解体や設計・施工、古民家の持ち主とのやり取りなどのフロント業務は各地の建設会社にお願いし、古木の管理や発送業務、設計に合わせた古木の加工といった面倒な裏方作業を山翠舎に任せてもらうことで、古民家や古木をさらに活用しやすい環境として整えたいのです。

実際に、2023年5月に開業予定となっているインターコンチネンタルホテルズグループの「VOCO大阪セントラル」を始めとするいくつかの施設で、大手ディベロッパーや大手総合建設会社と連携し、プロジェクトを進めています（2023年1月時点）。

特許出願で知財を多くの人と共有する

山翠舎は、知的財産についての取り組みにも積極的です。例えば、「古木／こぼく」や「KOBOKU」「恵美寿柱」などは山翠舎の登録商標です。

私の知財知識はすべて、大学の先輩で、正林国際特許商標事務所の所長の正林真之先生に学びました。

古木は、そもそも一般的な用語で、辞書を引くと「長い年月を経た立ち木。老木」と書いてあります。また、伐採されてから長い年月が経過した木は、一般的には古材（こざい）と言われていました。しかし、古い布や鉄も古材です。これでは区別がつきません。もっと言えば廃材のイメージもあります。

私は、古い木として名前をつくることができないかと考えました。それも入手地が分かるストーリー性のある別ジャンルの言葉としてです。それで古木（こぼく）と出願したのです。

古木をひらがなやローマ字にして商標を取得しているのにも理由があり、ブランド展開を考えています。また、KOBOKUは概念的な意味があります。実は、入手地が分かるトレーサビリティのことをKOBOKUと定義しているのと同時に、特許出願中のビジネスモデルの名前にもなっているのです。

事業構想大学院大学で構想した「料理人応援システム」は、より特別なサービスが差別化できる用語を特許事務所と打ち合わせをしながら選定しました。

「古民家ジャッキアップ工法」も特許出願中の技術の一つです。古民家に使われている柱や壁、屋根などの重さを合計すると、数十トンにも達します。そのため、どんなに工事をきちんとしていても、建てられてから数十年するとどこかにゆがみが出てきます。家が傾くと、すきま風が吹き込みやすくなったりドアの開け閉めがしづらくなったりして、生活に支障が出ます。また、あまりに傾きがひどくなると人間の平衡感覚を狂わせて、めまいや吐き気、肩こりなどの健康被害をもたらすこともあります。

そこで、古民家を再生して利用し続けるために、「ジャッキアップ」という手法を使ってゆがみを取ることが、昔から行われてきました。

ジャッキアップでは一般的に、古民家の床を取り外し、柱の下にジャッキを取り付けてから建物全体を持ち上げます。このとき、どうしても壁がひび割れたり壊れてしまったりするため、従来はすべての壁を壊してからジャッキアップをしていたのです。ところが、山翠舎が開発した「古民家ジャッキアップ工法」では、壁を壊さずに工事をすることが可能です。その分、工事費は安くて済みますし、工期も従来の3分の1程度に短縮できるのです。

山翠舎では他にも技術に関する特許を積極的に取ろうとしていますし、商標登録も積極的に行っています。こうした取り組みは、自社の知財を囲い込むためにやっているわけではありません。むしろ逆で、山翠舎の知財を多くの人と共有するために行っているのです。

２０２２年、「ゆっくり茶番劇商標登録問題」という騒動が起きました。

ＹｏｕＴｕｂｅやニコニコ動画などの動画サイトでは、「ゆっくり茶番劇」と呼ばれる動画がたくさん投稿されています。これは「ゆっくりボイス」と呼ばれる合成音声を使ってイラストキャラクターが対話し、さまざまな物語や解説が展開していくスタイルの動画です。従来は、一定のルールを守ってさえいれば誰でもこのスタイルの動画をつくることができていたのですが、２０２１年、あるＹｏｕＴｕｂｅｒが「ゆっくり茶番劇」という言葉を商標登録しました。

それまでネットユーザーの共有財産のように考えられていた言葉を、特定の個人が商標登録して独占し、利用者から使用料を取ろうとしたことで大騒ぎになったのです。

古民家ジャッキアップ工法にも、同じ危険があると言えます。無防備に公開すると、他の誰かが横から現れ、特許出願を行って独占しようとするかもしれないのです。そうなれば、技術の普及は難しくなるでしょう。

そこで山翠舎が守り、全国の建設会社に安い金額で提供することで、広く利用してもらおうと考えています。

自社の知的財産を公開し、業界全体の盛り上がりを促す取り組みは、私たちだけの専売特許ではありません。

例えば水産加工品メーカーのにんべんは、鰹節の酸化を防ぐパッケージ「フレッシュパック」を開発して特許を取得しました。

しかし、当時は家庭で鰹節を削って出汁をとる習慣が廃れ始めていた時期で、このままでは鰹節が使われなくなるのではないかという危機感を業界全体で感じていたそうです。そこでにんべんは、フレッシュパックの特許を解放し、他社も密封袋入り削り節を販売できるようにしました。それで鰹節の需要はV字回復したのです。

また、インスタントラーメンやカップラーメンの開発者として知られる日清食品の創業者・安藤百福《ももふく》氏が「日本ラーメン工業協会」という団体を設立してインスタントラーメンに関する製法特許を譲り、他社も製造できるしくみにしたのは有名な話です。

自社の知的財は大切に守らなければなりません。

ただ、知財を守ることと囲い込むことはまったく違います。古木やジャッキアップ工法などを必要とし、古民家・古木のビジネスを盛り上げたいと思う人々が一緒になって、普及・活性化していければと考えています。

古木の理解者を増やすための情報発信

古民家や古木には大きな価値があります。

しかし、そのことはまだまだ世間に知れ渡っているとは言えません。それどころか、建築業界で働いている人の中にも、古木の魅力や手仕事の素晴らしさを知らない人がたくさんいるのです。

例えば山翠舎には、ちょうななどを使って古木を美しく削り出す職人さんがいます。しかし、彼らが他の施工会社に行っても、華麗な技を見せるチャンスはないかもしれません。

なぜなら、ちょうなを使った仕上げの素晴らしさを知る設計者が少ないからです。彼らが設計書に盛り込まないから、高い技術を持つ職人さんは活躍の場がありません。そ

職人の手によって、1本1本丁寧に古木の加工・仕上げが行われている

して発注する側も職人さんの手仕事を目の当たりにすることがなく、ますます設計に盛り込まれないという負のスパイラルに陥るのです。

一般の人に対しても同じことが言えます。クラシック音楽をまったく聴いたことがない人たちにモーツアルトやベートーベンの素晴らしさを説いても、なかなか伝わりはしないでしょう。ですから、私たちが知っている古木の価値や、環境に対する貢献度などを、世の中に発信することも大切だと考えています。

その一環として行っている活動の一つが、ウェブサイト「ＫＯＢＯＫＵ通信」

の運営でした。これは、今は休止していますが、古民家や古木を活用した店を経営しているオーナー、古民家に深い関心を持つ建築家やデザイナー、木材や森林に関する研究をしている識者など、幅広い方々に取材・インタビューを行って、古木の良さを伝える記事を作成したものです。自社のみで運営するのは大変なので、これからは他社と協業する形でサステナブルな取り組みを広く知っていただく活動をしていきたいと思っています。

また、代官山蔦屋書店では「美意識のかけら」という展示会を開催しました。日本の美意識や日本の歴史的建築物に関する書籍と一緒に古木のプロダクトを展示することで、古木の魅力をより多くの人に知ってもらう機会をつくる。山翠舎にとっても新たな試みでした。

良いものの価値を発信し、目利きのできる人を増やせば、古木のマーケットはさらに大きくなるでしょう。それがさらに多くの人を呼び込んでいくのです。ここでも私たちは、循環をつくろうとしています。

学校を設立して大工不足に対処する

古木は水分含有量が低くて硬く、変形しづらいというメリットがあることは既に説明しました。これは古民家に住んだり利用したりする人にとって利点なのですが、大工や施工会社にとっては高いハードルです。古木は硬いがゆえに加工がしづらく、大工泣かせな存在です。

さらに、古木は現代の木材のように、同じサイズで切り出されているわけではありません。長さや太さはバラバラですし、形もたわんだり曲がったりしています。そのため、経験と知識に乏しい大工には、なかなか扱えないのです。

現代ではただでさえ、大工不足が深刻化しています。野村総合研究所の調査によれば、1985年時点で81万人いた大工は、2015年には35万人まで減ってしまいました。近年では、高度成長期以降に大工となったベテランたちがどんどん引退しています。一方、少子高齢化で若者の人口自体が減っている上に、大工には3K（汚い・きつい・危険）

のイメージがあって若い大工志望者が減っているため、今後も大工の減少に歯止めをかけるのは難しいでしょう。野村総合研究所は、2030年の大工人口を21万人だと予測しています。山翠舎のグループ会社でも若手の大工を常時募集しているのですが、十分な人数は確保できていません。

大工の質の低下も進んでいます。

大工の世界では半人前の人を、大工未満という意味で「だいはち」と呼ぶことがありますが、今の現場では「だいはち」に該当する人が増えています。一般住宅や商業施設を建てる場合、事前に工場で

太さもサイズもバラバラな古木だからこその魅力を生かす

寸法通りにカットされた木材を組み合わせれば事足りるため、スキルを磨く機会が乏しく、それで腕前が上がらないわけです。

今後の建築業界では、スキルのない大工が少人数で作業をしても、施工が行えるような取り組みがより盛んになるでしょう。

ロボットの導入や工法の改良などは徐々に進んでいますし、IT化を進めて業務効率化を目指す取り組みも活発化しています。しかし古民家や古木に関する施工では、一点モノで規格化されていない木材を扱わなければなりません。そのため、職人の手仕事に頼る部分が大きく、自動化がなかなかしづらいのです。

そこで私たちが模索しているのが、大工学校の創設です。

モデルとして考えているのが、石川県にある金沢職人大学校という教育施設です。3年制の本科には、石工科、瓦科、左官科、造園科、大工科、畳科、建具科、板金科、表具科の9コースが用意されていて、各分野で基礎的な技術・知識を身に付けた30～50歳くらいの職人さんを対象に指導が行われています。この学校の大工科の定員が10人とのことなので、山翠舎の大工学校も、当初は10人程度を受け入れようと考えています。受講者のレベルに特に制限はなく、大工の仕事を少しでも経験していれば十分です。また、国籍にも制限を設けず、外国人の入学希望者も受け入れる予定です。年齢、性別、出身地などが異なる大工が集まることで、大工同士が刺激し合ったり、新たな化学反応が生まれたりするのではないかと期待しています。

また、大工の腕前を磨くにはとにかく実践が大切なので、山翠舎が受けた仕事の一部を受講生に割り当て、その作業を通じてスキルアップをさせる予定です。

大工学校で学んだ人々を山翠舎で受け入れることは、もちろん可能です。卒業生にとって、身に付けたスキルを生かせる場がすぐに得られることは魅力的であるはずです。ただ、私たちは卒業生を囲い込もうとは思っていません。地元に戻って活躍したいと考える人がいたら、その希望を優先したいと思います。

彼らが各地で古民家の素晴らしさを発信したり、古民家・古木の再生を担ってくれたりすれば、社会全体に良い効果をもたらすはずですから。大工学校は、卒業生にとってふるさとのようなもの。いずれは飛び出し、それぞれが活躍の場を見つけてもらえればいいのです。

さらには、先ほどの情報発信とこの大工学校をかけ合わせ、大町市に、見せる古木加工工場をつくり、大町市を大工の町にできたらと思っています。

そこには古木自体に興味がある人、DIYも含めて加工に興味がある人などが気軽に来れて、体験できる場所のようなものです。

幸いなことに大工学校をつくる予定の大町市には工場見学のできるサントリー天然水北アルプス信濃の森工場やナチュラルヘアケアブランドとして有名なラ・カスタが運営するラ・カスタ ナチュラル ヒーリング ガーデン（2023年4月まで改装工事のため休園、山翠舎で設計・施工をさせていただいています）があり、大工学校が3番目の体験施設になればとも考えています。

私は子どもの頃、祖父の木工所で働いていた職人さんや大工さんたちからかわいがられて育ちました。昔は毎年正月に開く新年会でみなが集まり、すき焼きを食べていました。小さな頃そこで職人さんや大工さんにお酌をしては褒めてもらったことを今でも覚えています。そのプラスの感情があったから山翠舎を継承しようと思ったくらい、職人さんや大工さんに感謝する気持ちが、私の中には強くあります。大工学校をつくって次世代の大工を増やし、ものづくりの素晴らしい世界を守ることで、私は小さい頃お世話になった人たちへの恩返しをしたいと思っています。

目指すところが同じであれば業界の垣根は問題ない

山翠舎の原点にあるのが「もったいない精神」です。

貴重な財産である古民家や古木が、むざむざ捨てられるのはもったいない。なんとか救い出しさらに価値を高めて、ムダをできるだけ少なくしたいと願う気持ちが、前に進む原動力になっています。

それと同じ発想で取り組んでいるのが、2022年から始めた「フードロス解消レストラン」です。

長野県は日本でも有数の農業県です。農林省によれば、長野県の農家数は10万戸を超えていて日本一。レタスやセロリなど、全国シェアが全国1位の農産品もたくさんあります。

それだけに、生産から流通、販売までの過程で、多くの廃棄食材が出てしまいます。特に深刻なのが、流通過程のフードロスです。

例えば、箱詰めで輸送された野菜の中に一つでも腐ったものがあると、その箱に入っていたすべての野菜が廃棄されることがあるそうです。また、規格外だったり流通過程で傷ついたりした野菜も捨てられてしまいます。

腐った野菜が捨てられるのは当然ですが、それ以外の問題ない野菜も捨てられてしまうのはあまりにもったいない。それで、こうした食材を青果市場から集め、山翠舎とお付き合いのあるレストランに調理をお願いして販売することにしました。まずは2店舗でスタートしましたが、いずれは店舗数を増やしたり、廃棄食材の仕入れ先を増やしたりする予定です。

山翠舎はこのフードロス解消事業を、古民家・古木事業と同じ位置づけだととらえています。高い価値を持つ古民家や古木を再生させるのと同様に、まだまだ価値のある廃棄食材を循環させたいのです。

ですから、この事業で大きな利益を出すつもりはありません。山翠舎とお付き合いのある飲食店や、行政、流通などを巻き込みながら、食材をムダなく使い切る循環をつくく

山翠舎（サステナブルな街づくり・長野モデル）

	開業準備・企画フェーズの支援			運営フェーズの支援	
飲食・シェアオフィス（新規事業）	古民家（家主）	サブリース型古民家再生 ・物件の借入時の開業者の信用補完 ・古木を生かした店舗空間の構想・設計・施工	貸しスペース事業	古木コミュニティ 古木通信など各種自社運営メディアでの掲載、補助金申請支援、飲食店周辺地域のコミュニティ化、参加企業の交流会・ピッチコンテスト開催等	消費者
飲食店提供食材（新規事業）	卸売業者	廃棄食材の活用 サステナブルな飲食店事業に共感頂ける生産者・卸売り業者とのネットワーク網の構築、流通量の可視化、値付けし流通できる状態へ	飲食店開業支援事業	フードロス削減メニューの開発 仕入れた食材を活用したメニューの開発、飲食店の価値向上にも寄与するよう、ブランディングを支援。	消費者
実　証	廃棄食材を活用したフードロス削減のメニューの市場価値検証			廃棄食材の仕入れ量（in）と飲食店での消費量（out）の可視化 持続可能な流通モデルの確立（値付け・仕入時の運用フロー）	
将来展開可能性	消費量を増やす仕掛けとして高機能な冷凍保存技術を導入し、ECサイト等で販売。仕入食材を余すことなく使いきる仕組みを提供			古民家を飲食店やシェアオフィスとして展開する触媒となる飲食店舗展開の基本モデルとして展開	

箱の中の一つの野菜が傷んだだけで問題のない野菜まで廃棄されている

るのが最大の狙いです。

そして、実際にサイクルを回して知見をためたら、他の地方自治体などにも提供して、日本全体のフードロス削減に貢献するつもりです。

また、長野や小諸などでフードロス解消レストランを立ち上げれば、環境問題などに関心を持つ消費者を引き付け、地域の魅力を高める一助になるかもしれません。

高い価値があるのにムダに捨てられているものは、古木や食材以外にもたくさんあるはずです。これらに注目することが、新たなビジネスチャンスにつながる可能性はかなり大きいと、私は思っています。

私のこれまでの経験は進んで公開します。その経験が役に立つようであれば役に立てていただき、いろいろな分野で、もったいない精神で、社会課題を解決したいと思う人たちによる新しい事業が日本各地に生まれることを心から願っています。

人を巻き込むために情熱や面白がる気持ちを大切にする

ビジネスを拡大するためには、力を貸してくれる人をできる限り増やし、循環を加速させる必要があります。そのためには、人を巻き込む力が必要になります。

私が人を巻き込む際に重視しているのは、情熱に共感、ノリの良さです。これが好き、あれを実現したいという確固たる思いがあり、それが溢れ出ている人が循環に加わると、一気にスピードが上がります。逆に、周囲のパッションを冷ましてしまう人が加われば、循環は沈滞ムードに陥るのです。

ある人の紹介で、長野市出身のアーティストであるOZ－尾頭－山口佳祐さんにお目にかかる機会をいただきました。山口さんは、日本特有の思想や感覚に、現代の発想や画法などを融合した絵画を描いている方で、2001年からライブ・ペインティング（即興で絵を描くこと）に取り組んでいます。

私は山口さんの絵に強くひかれ、山翠舎が手がけたイベントスペースの壁面にライ

OZ- 尾頭 - 山口佳祐さんのパフォーマンスの様子（2016年 PARK HOTEL TOKYO）

ブ・ペインティングを施してもらえないかと考えました。それでお声掛けをした際、私と山口さんの間で不思議な共鳴が生まれたのです。

山口さんは、土をテーマに描くのが好きなのだそうです。時には大地や自然と一体化するため、土を口にしながら絵を描き、体調を崩したこともあったと聞きました。彼の絵に対する情熱は、それほどまでに強いのです。一方、私も施工の仕事に長く携わる中で、土壁にたくさん触れてきました。左官職人の美しい手仕事を見ていると、いつも惚れ惚れします。山口さんに、私も土が大好きだと伝えたところ、互いに意気投合したのです。そして、壁に絵を描いてもらう話もトントン拍子に進みました。

山口さんと私に共通していたのは、好きなものに打ち込み、全力で楽しもうとする姿勢でした。山口さんは、私からの依頼を面白がってくれたから、突然の依頼にも快く応じてくれたのでしょう。今後も捨てるもの（土・灰）からアートを一緒につくっていきたいと思っています。


一方、ビジネスやお金の話が先に立って、パッションに乏しい人とは、私は馬が合いません。おそらく、そういう人が循環に参加してくると、周囲に悪い影響を与えるのではないかと、本能的に警戒してしまうのでしょう。

仕事である以上、お金の話をおろそかにしてはいけません。ただ、お金だけでは人の気持ちは動かせないのです。情熱や面白がる気持ちを持つ人と一緒に働くほうが、仕事はうまく回ると私は考えています。

これからもその気持ちを大事に、ジャンルを問わずいろんな人たちとビジネスをつくり大きな循環の輪を広げられたらと思っています。

衰退期にある町でも眠っている資産を生かせば再成長できる

私はどんな町にも魅力があると考えています。

軽井沢は、日本はもちろん世界でも名高いリゾート地です。避暑地として有名ですが、春にはみずみずしい新緑、秋には鮮やかな紅葉、冬にはスキーなどのウインタースポーツが楽しめ、1年中観光客で賑わっています。レベルの高いグルメや、高級別荘地に象徴されるオシャレな雰囲気もよく知られています。これに対し、軽井沢から車で30分しか離れていない小諸は、実にマイナーな存在です。

だから私は、小諸でビジネスを仕掛けているのかもしれません。軽井沢のように、既にブランディングが確立されている土地にはあまり関心がないのです。一方、小諸のような場所で、マイナスをゼロにし、さらにプラスへと盛り上げていく仕事には闘志がわいてくるのです。

一般に、企業には4つの成長ステージがあると言われます。最初が事業を始めて間もない「創業期」で、次に売り上げが急拡大する「成長期」が訪れ、事業が安定する「成熟期」に移り、やがて売り上げが落ちて「衰退期」に入る、という流れです。

町にも、同じようなことが起きるのかもしれません。小諸市の場合は、第二次世界大戦が終わってから10年ほどが創業期、そこから1970年代半ばまでの高度経済成長期がまさに成長期、続くバブル期から2000年頃までが安定期、21世紀に入って人口減少が目立つようになってからが衰退期、といった具合です。

企業が衰退期に入ると、業績が悪化して経営が難しくなり、最終的には倒産の危機が迫ります。しかし、ここから事業再生に成功して再び成長期に入る企業もあります。その代表格が富士フイルムでしょう。

当初、同社の主力事業は写真用フイルムで、1980年代まではカメラの普及とともに大きく売り上げを伸ばしていました。ところが、1990年代に入ってデジタルカメラが広まり、さらに2000年代以降に携帯電話やスマートフォンでの撮影が一般的になってからは、フイルムの売り上げが激減していきました。そこで富士フイルムが取った戦略が、化粧品や医薬品といった新規事業へと乗り出すことだったのです。実は写真用フイルムの主成分は、化粧品にもよく使われているコラーゲンです。富士フイルムはコラーゲンの高度な技術を生かして化粧品などの分野に進出できたのでした。

富士フイルムがコラーゲンの技術で再成長を果たしたように、小諸も古民家という資産を生かして再成長できるはずだと、私は考えています。

同様に、古民家物件をたくさん抱えている地域も、やり方次第で再び成長できるのではないでしょうか。

リアルな経験から得られた知見が最も貴重な資産となる

これまで再三お伝えしてきたように、山翠舎は善光寺周辺と小諸で新規ビジネスを展開しています。なぜこれらの2地域をターゲットにしているかというと、環境の異なる場所で知見を増やし、他の地域の参考にしたいと考えているからです。

善光寺は日本でも有数の観光スポットです。２０２２年の御開帳期間は、コロナ禍にもかかわらず、約3カ月間で636万人の参拝客を集めました。フィートスペース大門などの施設は、善光寺周辺の人通りを当てにして集客の設計を行っています。

これに対して小諸には、善光寺のように多くの人を集められるようなスポットがありません。そのため、街全体の魅力を高めたり、店や施設自体が集客力を強化したりしなければなりません。

善光寺と小諸の置かれた状況は大きく異なります。そのため、ここでビジネスの経験を蓄積すれば、そのノウハウが他の地域でも生かせるだろうと私は考えています。例えば善光寺がある長野市（人口37・8万人）で通用したやり方は、強力な観光スポットを抱え、人口規模も近い奈良市（人口36万人）や川越市（人口35・1万人）でも生かしやすいでしょう。もしかすると、観光地として名高いスペインのラス・パルマス・デ・グラン・カナリア（人口37・9万人）やイタリアのフィレンツェ（人口38・2万人）でも生かせるかもしれません。一方、小諸で通用したやり方は、もっと小さい町で役立つはずです。ともかく、今は条件の違う2つの地域で実証実験を行い、データを取っている段階なのです。

ここで強調しておきたいのは、ビジネスの経験は、自分でお金と労力を費やさなければば身に付かないということです。

私は、評論家的な立場でものを言う人があまり好きではありません。立派なことを主張していても、体験の裏打ちがない人の言葉は軽く感じられてしまうのです。私自身も評論家のように振る舞ったりせず、常に自分でリスクを背負っていくようにしています。その過程で分かったのが、実体験に勝る学びはないということでした。

話は少し横道にそれますが、私は大学時代に、IBMとアメリカの万年筆メーカーが共同開発した「CrossPad（以下、クロスパッド）」という電子メモ帳を買ったことがあります。これは、板状の本体にレポート用紙を乗せ、その上から特殊なペンで書くとデジタル情報として記録され、パソコンなどに取り込める商品でした。当時は7万～8万円くらいした高額な商品で、ほとんど売れないまま市場から消えていきました。また、カナダの企業が開発した情報端末「BlackBerry（以下、ブラックベリー）」も買いました。スマートフォンの元祖のような存在でしたが、こちらも日本では大して売れず、やがてスマートフォンに取って代わられました。

クロスパッドやブラックベリーが実現しようとしたことは、今ではスマートフォンやタブレット端末を使えば簡単にできます。ただ、クロスパッドやブラックベリーをリアルタイムで使った経験は、私にとって大きな学びになりました。

また、私は大学時代、Ｌｉｎｕｘ（以下、リナックス）というＯＳ（コンピュータ用の基本ソフト）に触れていました。もう25年以上も前の話になるでしょうか？　これは、マイクロソフトがつくったＷｉｎｄｏｗｓや、アップルがつくったｍａｃＯＳとは異なり、「コピーレフト（copy left）」というやり方で配布されていました。

コピーレフトとは、著作権の保護を目的としている「コピーライト（copyright）」とは反対の考え方で、すべての利用者が利用・再配布・改変できるようにしたものです。私はこの発想に基づき、自分が試行錯誤して手に入れたブラックベリーやリナックスのノウハウを公開して他の人と共有しました。

例えば、ブラックベリーでは日本語が使えなかったため、自分自身で情報を集めてプログラムをいじり、日本語化しました。その工程をブログで公開したところ、たくさんの感謝コメントが集まりました。

昔から私は、自分の知識を公開することで人から感謝される世界を、素晴らしいと感じています。知識を独占して自分だけが利益を得るのではなく、知識を共有して世の中に貢献するほうが、ずっと嬉しいことだと分かったのです。その発想が、古民家ジャッキアップ工法などを広めて古民家を守ろうとする発想の根っこにあります。

人から何かを受け取るだけでは、地域の循環は絶対に回りません。たくさんのものを他者や地域に還元し、その結果、大きな循環が生まれたら、自分にもおのずとリターンが入ってくると、私は信じています。

世界のラグジュアリー市場に地方企業がチャレンジする

今後はどんな企業でも、海外を相手にビジネスをしなければなりません。日本は人口減少が続いて、国内市場の急成長は望めないからです。山翠舎でも、古木を海外に売り出すビジネスに力を入れています。

私たちは海外で「ＳＡＮＳＵＩ」というブランドを展開し、海外で活躍する日本人クリエイターと協力しながらプロモーション活動を行っています。その中で、愛知県名古屋市に工房を持つ企業「ＳＵＺＵＳＡＮ」と連携することができました。同社は有松・

鳴海地区に伝わってきた絞り染めの技法「有松鳴海絞り」を生かし、アパレルやインテリア用品などをつくっています。

現在取り組んでいるのは、インテリアのパリコレと呼ばれる世界最大級のインテリア・デザイン関連見本市「MAISON & OBJET（以下、メゾン・エ・オブジェ）」への出展です。SANSUIとSUZUSANが共同でブースを出し、SUZUSANの製品と私たちの古木製品を一緒に出展する予定です。

現在の欧米では「高級品」に対する感覚が急激に変わりつつあります。従来は、単に商品の質がいい、あるいは価格が高いものが高級だとされてきました。しかし今は、その商品に社会貢献性があるか、商品の背後にどのようなストーリーがあるか、この商品を使うことで世界や次世代の人類に何が残せるかなどが明確になっている商品が、高級品と見なされるようになってきたのです。

SUZUSANは先日、ある有名アパレル企業からドレスの発注を受けました。有松鳴海絞りの技法でつくられたドレスは、たった1着ですが1000万～1500万円の値段がつけられたそうです。SUZUSANがつくったドレスには、ストーリー性とオリジナリティがあります。伝統と歴史に裏打ちされた有松鳴海絞りでつくられたド

古木を使ったベンチ。それだけで圧倒的な存在感がある

レスは、世界に1着しかないものです。だから、価値の分かる人には高く評価されたという一面もあるでしょう。

SANSUIが手がけている古木製品も、まさにこうした方向性に合致しています。古木には長い年月をかけて積み重ねたストーリー性があり、同時に唯一無二の存在です。そのため、ラグジュアリーな空間を得意とするバイヤーたちからの注目を集めています。

日本には古民家や古木のように、高い価値を秘めたものがたくさんあります。それらを見つけ出し磨き上げれば、たとえ地方の小さな企業でも、世界で勝負できるのです。

　ただし、価値のある商品は、その価値が分かる人に届けなければなりません。

　もし古木でつくられたベンチを、近所のフリーマーケットで売ったらどうなるでしょうか。おそらく、他の無個性なベンチと並べられ、安い値段で買われていくに違いありません。一方、古木の価値が分かる人に見せれば、フリーマーケットの何十倍、何百倍もの値段で買ってもらえるのです。

※SANSUIのサイトと動画は下記の二次元バーコードよりご覧いただけます。

サイト

動画

捨てられるものから世界を変える そんな仲間と「FEAT.」したい

　山翠舎はこれからも、古民家や古木という日本固有の財産を、国内外に向けてアピールしていくつもりです。ただ、私たちだけの力ではとても十分とは言えません。古民家や古木の施工を行うにも、古木の魅力を世界に発信するにも、手が足りなさ過ぎるのです。そこでぜひ、一緒に古民家・古木ビジネスを盛り上げてくれる仲間に集まってほしいと考えています。

今回、この本を書こうと思った理由の一つは、山翠舎の現状を多くの方にお伝えしたいと思ったからです。まだまだ未完成ですが、等身大の私たちを伝える中で、多くの方に共感・気づきを得ていただけたらありがたいです。

また、私たちはたくさんの方とコラボレーションできればと考えています。山翠舎ではさまざまな人と交流し、協働するため、共演などを意味する「featuring」から生み出した「ＦＥＡＴ.」という価値観を大切にしています。

そもそも、古木・古民家の活用は、最初に古民家の解体がもったいないと思い、その一部である古材の買取販売からスタートしました。

古民家自体の解体をなんとか食い止めたいという動きが、今では小諸の取り組みのように「町おこし」に発展しています。

古民家と人や企業のマッチングもこの流れで、サブリース型古民家再生としてこれからの山翠舎の事業のメインとなるところです。一方、フードロス解消事業などはジャンルが異なりますが、サブリース型古民家再生の派生です。

また、古民家を守るという文脈で言うと、古民家を構成している古木の他に、基礎の石と、土壁があります。私たちは、古木と同様にサステナブルに循環させる方向性として、これからは石と土を考えています。石の活用の第一弾がメゾン・エ・オブジェの古木製品であり、土の活用の第一弾が山口さんとの企画です。

その他にも、古木のマーケットプレイスづくり、大工学校の整備、古木の保管や加工、配送業務の代行、そして古民家ジャッキアップ工法を含む知財の共有など、私たちはさまざまな分野で、できる限りのバックアップをし、たくさんの方とコラボレーションしていきたいと考えています。そうして全国の仲間にビジネスのノウハウを提供し、古民家に携わる人の循環を大きくしたい。それが日本の古民家を守り、さらには世界にも貢献できることだと、私は信じています。

捨てられるもの、今まで注目されなかったものが全国各地でビジネスになっていけば、きっと地球は良くなっていきます。

またそういう世界をつくっていきたいと思う人たちとこの本を通して出会えることを心から楽しみにしています。

おわりに

古民家と古木には大きな価値があります。また、古民家と古木を使ってサーキュラーエコノミーを構築すれば、地球環境にも貢献できます。私はそれを心から信じていますし、私に同調してくれる人も着実に増えていると実感もしています。

世の中には古いものの良さなどまったく眼中になく、店舗が安く仕上がればそれでいいと考える店舗経営者の方もいます。そうした顧客層に対して古木を使った設計の良さを力説しても納得はしてもらうことは難しいでしょう。すると事業は成り立たず、結果的に古民家や古木を守ることが難しくなります。

マーケティングの世界には「ＳＴＰ分析」というやり方があります。これは、市場を細分化し（＝Segmentation）、どの顧客を狙って事業を行うのか選び（＝Targeting）、その市場で有利な位置を取る（＝Positioning）というものです。

古木の世界でも、この鉄則は役立ちます。たくさんいる潜在顧客の中から、古木の良さを知り地球環境への貢献に積極的な層だけを狙い、上手な見せ方と伝え方をすることが大切なのです。そうすれば事業は軌道に乗り、古民家や古木を生かす取り組みを加速させることができるでしょう。

そのことを実感したのが、先日参加したあるイベントでのできごとです。

私はイベントスペースを利用し、古木を売る実験をしてみました。その古木は、もともとはある民家で使われていたのですが、短くて形がいびつであるため、柱や梁としては使えないものでした。ただ、形は面白かったため、癒やし効果のある「スカルプチャー（彫刻）」として買ってもらえるかもしれないと考えたのです。

実物を見た父は、「こんな端材は薪にしかならないよ。売れるわけがない」と笑っていました。ところが、結果的には３０００円で売れました。表面を加工するなどして価値を高め、古木に関心を持つ人が集まる場で販売したらもっと高値で売れたはずです。古木の価値を分かってくれる人は増えていると、私は強い手応えを感じました。

海外では3万円で売れると考えています。そのためにはターゲットを明確に設定し、そのターゲットが好むような見せ方（ブランディング）が必要で、これはまさに今チャレンジしているところです。

価値あるものを、それを必要とするターゲットに対してどう届けるか。それはビジネスにおいて基本中の基本で、古民家や古木だけでなく、あらゆる分野で成り立つことでしょう。

例えば、山翠舎が取り組み始めたフードロス解消事業では、「価値があるのに捨てられている食材を生かす」「その食材の価値を認めたり、必要としたりする人々をターゲットにする」「捨てられる食材を再利用することの価値を積極的に発信したり、食材の見せ方を工夫したりして、価値を高める」というコンセプトに基づいてビジネスを進めていますが、これらの「食材」の箇所を「古木」に置き換えてもまったく問題はありません。私たちは古木ビジネスでやったのとまったく同じことを、食材の分野でも行っているわけです。

そう考えると、ビジネスの種は身近な場所にあるのかもしれません。地方には眠っている財産がたくさんあり、それらを生かせば、ビジネスとして広げていくことができるのです。これまで見過ごされてきた「地方に眠る財産」を見つけ、ターゲットを絞って上手に届ければ、成功の可能性は十分にあると私は考えています。

また、古民家・古木など山翠舎が手伝える分野でビジネスをやりたいのであれば、ぜひ私たちに声をかけてください。一緒に手を取り合って、大きな循環を回していければと考えています。

私は「地球のために、環境に良いことをしたい」と心から思っています。

ただ、こう言ってしまうと「身の回りではない、大きなことすぎる」「自分ごとにならない」と考えてしまいそうですが、決してそんなことはありません。

古民家・古木で事業化してきた中で感じることは、

「できるだけ長く使うことがサステナブルの基本である」

ということです。

古木はなぜいいのでしょうか？

それは長く使われてきた味わい深さがあるからです。

例えば、本能寺の変の2年後（1584年）に創業した京都の呉服屋「ゑり善」さんでは銀座店の内装工事の際に古木を活用していただきました（10ページ上写真参照）。

古木は、内装の一部に使うだけで、昔からそこにあったかのような空間をつくり出してくれます。つまり、古木が時間を演出してくれるのです。

特に、歴史があるお店などはこの良さを理解してくれています。それは長く使われてきたものの味わい深さを知っているからです。

ではなぜ長く使うと味わい深くなるのでしょうか？

それは古木が自然素材だからです。

これは古木でなくても自然素材であるならば、すべて適用可能な考えです。

例えば本革のお財布は、数年使っているだけで味わい深くなります。本革の靴も10年は平気で持ちます。私がよく着るウールのジャケットも、もう20年もっています。

丁寧に時間を重ねれば、それだけ、自分の体になじみ、また味わい深くもなる。

私たちが内装をお手伝いしたお店に、この3月で10周年を迎える荻窪の名店「煮込みやまる。」さんがあります。
そこのカウンターは古木でつくられていて、10年分の味わいがでています。古木はもともと味わいがあるものではありますが、そのカウンターには「煮込みや まる。」さんが、毎日磨き、使ってきた10年分の味わいが重ねられているのです。
このような味わいを、一人ひとりがご自身でつくっていくことこそ大切なことなのです。すべての物事で、そういうことを積み重ねていけば、結果として、地球とやさしい付き合い方ができ、人間と自然とが共存できるようになると、私は思います。

ビジネスにするのは手段としても、時間をかけて環境に良いことをしながらビジネスにし、循環させていく。このようなことを各分野で、実行することで、加速度的に世の中は良くなると私は信じています。また、本書がそのきっかけになれたならこんなにうれしいことはありません。

最後になりましたが、今回出版のお話をいただきましたあさ出版さんには大変感謝しております。本を執筆することで、自分の考えをまとめる良い機会となりました。また、編集担当の財津勝幸さんにはいろいと手助けいただき感謝の念に堪えません。

そして、取材にご協力いただきました株式会社あやもとの梅谷匡尚さん、小諸市役所の髙野慎吾さん、株式会社東翔の田中正之さん、株式会社サライインターナショナルジャパンの乾馨太さん、株式会社フォンスの小山正さん、信州味噌株式会社の高見澤幸太さん、また書籍の制作にご協力いただいた豊田葉子さん、小林宏さん、原田幸雄さん、飯塚喜隆さん、山翠舎の星野裕恵さん、唐鎌瑛美さん、大島裕太さん、東條和夫さん、相馬博優さん、竹内恵子さん、その他社員のみなさん、そしてカメラマンの藤谷弘樹さんに、深く感謝いたします。

2023年1月吉日

山上浩明

【著者プロフィール】

山上浩明（やまかみ・ひろあき）

山翠舎 代表取締役社長

1977年生まれ。長野県長野市出身。大学卒業後、2000年にソフトバンクに営業として入社。社長賞を受賞。2004年に山翠舎に入社し、2012年に代表取締役社長に就任。2021年には事業構想大学院大学にて事業構想修士を取得し、現在、空き家となった古民家などの社会問題解決を目指して新規事業を展開している。

2018年「スタートアップアントレプレナー表彰プログラム“EOY Japan Startup Award 2018”（主催：EY Japan）」の甲信越地区代表に選出。

2019年「FSC認証」にて、古木で世界初の認証を取得。

2020年「古民家・古木サーキュラーエコノミー」でグッドデザイン賞（審査委員 井上裕太氏の選んだ一品）・ウッドデザイン賞（奨励賞【審査委員長賞】）受賞。

2021年「信州SDGsアワード2021（【長野県知事賞】主催:長野県）」受賞。

2022年からは行政とのプロジェクトも稼働。小諸市のサテライトオフィス事業のプロデュースや、長野市のスマートシティプロジェクトでフードロス解消レストランのプロデュースなど、既存の枠にとらわれず、精力的に活動を続け、「ガイアの夜明け」（テレビ東京系列）や「応援！ 日本経済 がっちりマンデー!!」（TBSテレビ系列）など、各種メディアでも注目されている。

○山翠舎Discovery

山翠舎の手がけた施工写真等はコチラでご覧いただけます。

○山翠舎メールマガジン

最新情報を知りたい方はコチラからご登録ください。

○ご意見・ご感想

山翠舎および本書に関するご意見ご感想はコチラへ。

STAFF

表紙・本文写真／森モーリー鷹博

本文写真／藤谷弘樹 他

編集協力／白谷輝英

本文デザイン・DTP／辻井知（SOMEHOW）

"捨《す》てるもの"からビジネスをつくる
失《うしな》われる古民家《こみんか》が循環《じゅんかん》するサステナブルな経済《けいざい》のしくみ 〈検印省略〉

2023年 2 月 13 日 第 1 刷発行

著 者――山上 浩明（やまかみ・ひろあき）
発行者――田賀井 弘毅
発行所――株式会社あさ出版
〒171-0022 東京都豊島区南池袋 2-9-9 第一池袋ホワイトビル 6F
電 話 03 (3983) 3225 (販売)
03 (3983) 3227 (編集)
F A X 03 (3983) 3226
U R L http://www.asa21.com/
E-mail info@asa21.com
印刷・製本 (株)シナノ

note http://note.com/asapublishing/
facebook http://www.facebook.com/asapublishing
twitter http://twitter.com/asapublishing

©Hiroaki Yamakami 2023 Printed in Japan
ISBN978-4-86667-491-9 C2034

本書を無断で複写複製（電子化を含む）することは、著作権法上の例外を除き、禁じられています。また、本書を代行業者等の第三者に依頼してスキャンやデジタル化することは、たとえ個人や家庭内の利用であっても一切認められていません。乱丁本・落丁本はお取替え致します。